覚醒する新地球人の合言葉

これでいいのだ！ヘンタイでいいのだ！

松果体とハートを活性化!
シリウスパワーで意識を変える

∞ishi ドクタードルフィン
松久 正
×
シリウスB出身のグリーンホエール
光一

VOICE

Contents

★第3章 スピリチュアル界を斬る！——67

★第4章

ゼロ秒でレスポンスが返ってくるとうれしいんですよ！
とにかく、魂が喜ぶというかね。
私の魂を喜ばせてくれる人は、
相当な〝脱・地球人レベル〟じゃないと無理だから。
光一さんなら、ゼロ秒でピピッ！とわかってくれる。
宇宙の叡智につながるのに必要な時間は、ゼロ秒なのです。

ドクタードルフィンは、
魂そのものが枠にはまらないくらい大きい人。
そして、持って生まれた使命の大きい人。
それも、宇宙的な規模の使命の大きさです。
パラダイムが大きく変わる時代には、
人類の意識をシフトできるようなリーダーが必要になりますが、
ドクタードルフィンは、そんなリーダーになれる人です。

今のスピリチュアル愛好者たちは、
常に何かに頼ろうとしているのが問題。
最近では、「あなたはそのままでいい」とか
「ありのままのあなたが一番」という本もたくさんあるけれど、
でも、そういう本を読むと結局、
「これはいい」「これはよくない」ということばかり
書かれてあるんだよね。

それ、すごくよくわかります（笑）。
それに、「ありのままでいい」と言われることで、
「ありのままでいなければならない」という
トリックになってしまう。
だから結局、「ありのままでいい」と言いつつ
ルール本になっているんだよね。

では、どうすればいいの？と言われるのなら、
「あなたの望むままに」というのが私の答え。
もう、魂のシナリオなのだから、いい悪いはないのです。

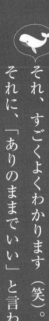

引き寄せの法則と言うと、皆、いい人間、すばらしい人間を
自分に引き寄せなくてはならないと思っているでしょ？
でも、魂の成長のためには、いわゆる悪い人間や、
自分が求めない人間だって引き寄せることもある。
それも、お互いが学ぶため。

人間の一生は、いいことばかりが起きて、

「ハッピー、ハッピー！」

なんてことはないからね。

そういうこと。
そうじゃないと我々は、
わざわざこの地球に来ませんって。
人間はもっと奥が深いんですよ。
つらさや悲しみ、怒りを題材として
地球に学びに来ているんだからね。

バシャールのワクワクは、地球の叡智とつながるのにはいいけれど、宇宙の叡智にはつながりにくい、とも言えるのです。

それは、どういうことですか？

ワクワクというのは進化せずにその状態で楽しむだけ、ということでもあるのです。
宇宙の叡智は、右回りで入ってきて左回りで地球から出ていくときワクワクという直径の幅を増やしてパワーアップしていく。

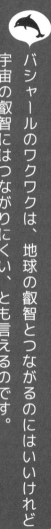

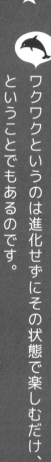

でも、地球には重力があり、
同じ振動数で旋回し続けることになるので、進化はできない。
地球人が進化するためには、宇宙とつながって、
自分たちの振動数も上げていかないといけないのです。

それはぜひ、バシャールに直接、伝えてもらいたいね。
要するに、振動数が上がるワクワクが可能になればいいんですよね。

第1章
シリウス出身の仲良し

宇宙の叡智につながるには時間はいらない

ドクタードルフィン　そもそも、私たちは、故郷であるシリウスBの転生のときに出会っているんですよね。でも、2人ともシリウスBではぷありすぎていて、それで、ちょっと地球に行ってガチってみるか、という感じで地球にやって来たというわけ。ちなみにシリウスBとは、水晶の珪素のエネルギーで構成されている半霊半物質の高次元環境のことです。高次元水晶（非物質エネルギーの水晶）の珪素は活性化していて、フリーエネルギーを自由自在に操ることができるし、反重力で時間・空間もない愛と調和にみちみちた世界のことです。

光一　高次元のシリウスBの世界の感覚を「ぷある」という言葉で名付けたのは見事ですね。

ドクタードルフィン　「ぷあぷあ〜！」って宇宙空間で自由気ままにラクちんに浮かんでいる感覚。ちなみに、「ぷあぷあ」は、カタカナではなくて、ひらがなじゃないとダメなんですよ。今、私が提案している「ぷある」とは、本当の自分とつながって楽で愉《たの》しく生きること。つまり、「ありがとう。お喜びさま。うれしいです」という３つの言葉をそのまま体現して生きることです。「これでいいんだ」とすべてを受け入れて、何事にも影響されずに今の自分だけが存在しているという感覚。

光一　本来ならそんな感覚こそが、魂の本当の姿なんだけれどもね。

ドクタードルフィン　そうなんです。そして、一方で「ガチる」というのは、これも言葉どおり、「ガチガチ」に凝り固まった生き方のこと。つまり、社会の常識や固定観念などに囚われて、魂レベルで本当の自分を楽で愉しく生きていない生き方のことです。今ではおかげさまで、私もこの地球でぷあって生きることができているわけですが、この〝ぷあるという感覚〟を思い出すためにも、あえて、この地球にガチりに来たわけなんだよね。

光一 そういうこと。我々はマゾ的なほどチャレンジャーなんです（笑）。ではここで、読者の皆さんには、いわゆる地球次元での今生での私たちの出会いを説明しておきましょう。実は、私の知り合いがラジオ番組を主宰していて、その番組にドクタードルフィンが出演されたことで、その関連のイベントでお会いしたのが最初の出会いですね。でもそのときは、ただご挨拶だけで一言二言しか言葉を交わしていませんでした。そしてその後、しばらく時間が経った頃、横浜で再会する機会があり、そこから一気に意気投合して盛り上がったんですよね。

ドクタードルフィン そうそう。光一さんが突然、「シリウスＢですよね？」って言って私に声を掛けてきたんですよね（笑）。あれは、わかる人にしかわからない。

光一　そう。実は、ドクタードルフィンとは最初にお会いしたときからシリウスとのつながりを感じていたんですよ。私の場合は、自分がシリウスとの関わりがあることは、もうかなり前から理由もなくわかっていたことでした。人によっては、ビジョンが見えたり、何か声が聴こえたりという才能があったりするわけですが、私の場合はいつも、その瞬間にただ〝わかる〟という感じなのです。

ドクタードルフィン　何しろ、光一さんは、もう〝ゼロ秒〟でピピッとわかりますからね。いつもいろいろな所で言っていることですが、「時間と空間を必要とするものには、宇宙の叡智は入ってこない」のです。なぜならば、宇宙の叡智につながるポータルを開くのに必要なのは、ゼロ秒という時間だから。つまり、宇宙の叡智や多次元パラレル宇宙とつながるのはゼロ秒なのです。逆に、時間がかかってしまうのなら、パラレル宇宙へはつながらない。いわば、瞬間で降りてくるものでないと、宇宙の采配を受けないのです。だから、シリウスB同志はゼロ秒で恋に落ちるし、ゼロ秒で愛し合える（笑）。

光一　結果を求めようとすること＝脳が働く、ということだからね。

ドクタードルフィン　だから、シンクロニシティなども脳を使わないときに起きているはずです。

光一　そのとおりですね。シンクロニシティを起こすことは、こちらは意図はできないわけだから。それに、私も〝わかる〟ということは、やはり〝瞬間〟で起きるべきものだと思うんですよ。たとえば、我々人間は、どうしてもすべてのことに因果関係や理由を求めがちです。たとえば、自分の人生に何が影響を与えているかを知りたい場合などには、前世療法やヒプノセラピーにその答えを求める人もいたりする。

そして、セラピーの中で出てくるストーリーを頭で理解して納得することで、今の自分の人生と関連づけようとしたりする。でも、私たちは、こういったプロセス自体に騙《だま》されがちなのです。だって、わかるときは、本当にほんの一瞬ですべてがわかるのだから。だから、真実を知りたいのなら、何かのプロセスを学ぶよりも自分の直感を研ぎ澄ますトレーニングをした方がよほどいいんですよ。

高次元シリウスの〝愉しむ本質〟を生きる

ドクタードルフィン　そのとおりです。その瞬間瞬間に生きているのが、まさにイルカなんですね。あと、光一さんは、私と同じように高次元シリウスの特性である〝愉しむ本質〟というのを持っていらっしゃる。だからお会いして以来、いつも食事の会などにご一緒させていただいて、愉しい時間を過ごしていますね。そんなときにも、先ほどのゼロ秒の話ではないですが、光一さんは、こちらがパン！とエネルギーを出した瞬間に、パン！とすぐ戻してくれるのが気持ちいいんだよね。

光一　こちらこそ、一緒に愉しく遊ばせていただいています（笑）。ドクタードルフィンとは、たとえ、深い話を真剣に議論し合うようなことがあったとしても、いつも〝遊ぶ〟というシリウスの感覚に近いものがあるんですよね。

ドクタードルフィン　そう、いつも愉しくじゃれ合ってますね（笑）。でも、普通の人との会話なら、相手の方もいったんエネルギーを受け取ると、それを脳の回路に入れてぐるぐる回して、そして、自分が納得できる形で戻そうとするわけです。けれども、光一さんの場合は、脳を通さないで松果体からそのままダイレクトにこちらに戻してくれる感覚なんです。

つまりそれは、光一さんのＤＮＡを書き換える能力がすごいということでもあるんですよ。ＤＮＡを書き換えるということは、松果体でいかに宇宙とつながっているか、ということでもあるのだから。要は、松果体と宇宙がつながっていることで、DNAを瞬時に読んで書き換えられるのです。私は、シリウスBから来ている人とは常にこういうやりとりをしているんですよ。いわば、感性や直感だけでやりとりができるというかね。

光一 いわゆる、テレパシックな〝松果体コミュニケーション〟ですね。

ドクタードルフィン そういうこと。だから、今や光一さんは、私の〝魂のお友達〟の一人なんですよ。やっぱり、ゼロ秒でレスポンスが返ってくるとうれしいんですよ！　とにかく、魂が喜ぶというかね。私の魂を喜ばせてくれる人は、相当な〝脱・地球人レベル〟じゃないと無理だから。光一さんは、宇宙レベルの人だから、脳がなくても生きていけるタイプです。でも、脳がなくても実はスマートな戦略家であり、人一倍繊細なところもある。DNAを読めるということは、非常に繊細な方ということでもあるんですよね。

光一

そういっていただけて光栄です。私の方から見たドクタードルフィンという方は、なんといっても魂そのものが枠にはまらないくらい大きい人ということ。そして、持って生まれた使命の大きな方という感じですね。ちなみに、私にとっての「使命」の定義とは、「その人にとって、人生でやりたいことをすること」という意味なんですけれどね。そういう意味においても、ドクタードルフィンは宇宙的な使命が大きい人なのです。

でも、そんな大きな魂が、地球では人間の身体という小さな器に閉じ込められてしまっていた。だから、これまでこうして地球で人間として生きてくることにも、生きづらい部分もあったんだと思いますよ。何しろ、エネルギーが小さい枠の中に閉じ込められるのは、ものすごくつらいことなんだよね。

ドクタードルフィン

はい。とってもつらかった（笑）。人間の心や感情、人生までをも変えていくには、まず身体を診られないとダメだと医師を目指して医師になったのはいいけれど……。

光一　医師としても超エリートの道を歩んでこられ、そしてその後には、その道を捨ててまでアメリカでまた原点から身体や健康のことを学ばれたりしてね。地球という枠の中でも立派に活躍されてきている。そんなことは、誰もができるようなことではないですからね。ある意味、今では地球の方が魂のエネルギーの大きなドクタードルフィンに追い付いてきたのかなという感じかな。

ついに、ドクタードルフィンの封印が解けた！

ドクタードルフィン　いやいや、それはちょっと大げさかもしれないけれど、実は最近患者さんによくいっているセリフがあるんです。それは、「やっと、私の封印が解けてきました！」っていうセリフ（笑）。それくらい最近は生きるのが本当に楽になりましたからね。その喜びはもう半端ではない！　とにかく私は、生まれた直後から生きるのがキツかったんですから。そして、その封印も、地球に転生する前の宇宙生の頃からの長い年月にわたって受けてきたものです。

光一

今、精神世界やスピリチュアルの世界では、従来の支配社会から自由になれる個人の価値観が重要視されるという「水瓶座《アクエリアス》の時代」の到来とか、アセンションや次元上昇が起きるといわれたり、とにかくこれまでの地球の〝時間〟が新しく入れ替わるときを迎えているといわれていますよね。そんなふうにパラダイムが大きく変わる時代には、人類の意識をシフトする考え方を人々に伝えるリーダーのような存在が必要になってくるんですよ。そんな時代にリーダーになれるのが、ドクタードルフィンみたいな人なんじゃないかな。

ドクタードルフィン　恐縮です。ありがとうございます。実は、光一さんとは出会って2、3年になりますが、このタイミングで光一さんに出会えたことも、まるであらかじめ設定されていたかのように思えるんですよね。まさに、私の魂の封印が解けるサポートをしていただいているようでね。たぶん、その前にお会いしていたら、まだ私もガチガチな時代でしたからね。何しろ、医師として携わってきた現代地球医学とは、〝ガチ医療〟そのものなんですから。

光一　でも、数年前だって、すでにもう何冊も本を出して活躍されていらっしゃいましたよね。それでも、ガチっていたの？

ドクタードルフィン　そうなんですよ。最初に光一さんとお会いした頃は、私もすでに何冊も本を出版していました。それでも、当時はまだ、完全に今のように思い切りはじけることはできずに、かなりガチっていた時代です。というのも、出版する本にしても、まだまだ健康のことだけにフォーカスしたアプローチからしか語ることができない時代もあって、完全には自分を表現できていない時代だったのです。

光一　松果体や珪素に着目したドクタードルフィンの登場は健康の世界でも画期的だったし、スピリチュアルの世界でも、十分に画期的なことだったと思うのですが、それでもご本人としてはまだ葛藤があったんですね。

ドクタードルフィン　そうなんです。実は、正直に告白すると、ほんの1年半くらい前まで、とにかく、「今すぐ消えたい……」とばかり言っていたんですよ。具体的に言うと、毎朝、起きることさえもつらかった……。起き上がった後も、診療所まで歩いてくる2、3分がもうきつくてね。どうしてかというと、すでに意識エネルギーを上げれば次元のポータルを開いて、場所も時間も自由自在に操ることができるという感覚が身についていたからなんです。だから、逆に地球人として生きていくことにもどかしさを感じていたんですよ。

光一 なるほどね〜。その感覚はよくわかるわ。

ドクタードルフィン だから、この身体を使って、一歩ずつ歩いたりするのが本当に面倒くさいというか……。「よいしょっ！」と右足を前に一歩出して、そして次に、左足を前に一歩出して、そして、この角を曲がって、というようなプロセスがとてもつらい時期があったんですよね。

光一 きっとそれは、自分が宇宙とつながるポータルが開く感覚をすでに知ってしまったからこそそのもどかしさですね。時間と空間、重力など制限だらけの地球にいて、この身体と共に生きていかなくてはならないという人間ならではの悩みというか。でも、実は私も最初にお会いした頃は、未熟な時期だったかもしれません。お互いが「いつか、きちんと会いましょう！」といいながらお会いできなかったのも、私もドクタードルフィンも、まだ準備ができていなかったのかもしれないね。そして、今、準備が整ったところで再会できたという。

ドクタードルフィン　確かに。こういった出会いも神のはからいですね。

イルカとクジラのコンビ誕生

光一　ところで、ご自身の名前のドルフィンの由来はどこからきたのですか？　もともとドルフィンもシリウスからやって来た存在としても知られているわけではあるのですが。

ドクタードルフィン　まず、シリウスとのつながりですが、もともと、私は今のような活動をする前から、シリウスという言葉がずっと気になっていたんです。シリウスからの存在でもあるドルフィンという言葉もですけれどね。どうしてこんなに気になるのだろう、と思っていたら、ある日診療所の窓から見える空にシリウスからの光が現れて、飛行機のような形に変わった。私はそれを「シリウス飛行隊」と呼んでいるのですが、彼らからの挨拶が頻繁に訪れるようになったのです。

光一　それは、どんな感じの挨拶なのですか？

ドクタードルフィン　それはもう瞬間的なものなのですが、診療所の窓から見える空に光がパッと現れたと思ったら、それが物質転換して飛行機の形になったのです。そのときに、高次元シリウスのエネルギーそのものである「ありがとう、お喜びさま、うれしいです」という言葉をかけたら、飛行隊がピカッと光るのです。その光を見た瞬間、私の方も理由もなしにシリウスの光のことを思い出したのです。今では、毎日のように飛行隊が応援に来てくれています。シリウスの飛行隊たちは今では、「思い切り行け！　躊躇《ちゅうちょ》するな！」と私の活動をサポートしてくれています。

光一

写真も見せてもらいましたが、診療所の窓から見えるのは飛行隊だけではなくて、雲などもイルカや竜などもたくさん現れていますよね。

ドクタードルフィン

そうなんです。あと、光の白鳩たちもやって来ます。これも、診療所から見える空に突然集団で現れて、キラッと光ったら次の瞬間に、その場で姿を消す鳩たちなのです。

また、ドルフィンとのつながりですが、実は、アメリカにいた頃にセドナである人とお会いしたときに、自分が地球にやって来た最初の過去生ではドルフィンだったことを思い出したんですよ。それも、時代で言えば、半霊半物質のスーパーレムリア時代です。そして、その頃、運命的にドルフィンの置物と出会うことにもなったのです。アメリカのオークションサイト、「e-bay(イーベイ)」で「レムリア」と「ドルフィン」というキーワードで検索してみたら出てきたのが「レムリアンドルフィン」という作者不明、年代不明の小さな置物でした。その置物は、明らかに地球のイルカと顔つきが違うんですね。色も薄茶色で目もするどく、身体にも斑点がある。その置物を見たときに、「これは自分の姿じゃないのかな」と思ったのです。

もちろん、そのときは、まだ半信半疑です。それに、当時はまだお金のない留学生ドクターだったから、その品がオークションで買えなかった。でも、半年後にe-bayから、「あなたにおすすめの品があります」というメールが届いて、アクセスしてみたら、「たぶん、もう売れているだろうな」と思っていたあのドルフィンの置物だった！　そこで、「これはもう運命だ！」と思って、ついにその置物をオークションで落として買うことにしたのです。

光一　その置物は、ドクタードルフィンに買われるのを待っていたというわけだ。

ドクタードルフィン

そのとおりです。そして、ついにドルフィンが手元に届いてじっくり手に取って見ていたら、それは1千万年前の自分の姿だったという記憶がよみがえってきました。よく、レムリア時代のことは数万年前といわれているけれど、実は半霊半物質のスーパーレムリアの時代とは、1千8百万〜1千万年前の時代のことなんですね。私は、スーパーレムリアの後期に愛と調和が乱れた地球のためにシリウスBからドルフィンとしてやって来たのです。でも、ドルフィンの姿ではいろいろと上手くいかなくて、人間に転生してきたのです。

光一

なるほど。実は私のリーディングだと、今でもドクタードルフィンは、多次元宇宙に愛と調和のリーダーとしてドルフィンの姿で存在していますよ。今、私たちは、地球時間を生きているわけではあるのですが、同時にパラレルな世界では多次元にも生きているのです。今、ちらっと私のビジョンに見えたのはやはりドルフィンの姿ですね。イルカ族のリーダーとして、ただただ、愉しいという波動を発していますよ。

ドクタードルフィン　それはうれしいですね！　イルカの特徴は、異なる感情を同時に持つことができるのです。たとえば、愉しい、うれしい、ワクワクする、悲しい、つらいなどのすべての感情を同時に持ちあわせていて、それらを、瞬時に選んでいるのです。だから、ひとつの感情だけに縛られることがないので、非常に安定しているのです。

光一　人間なら、一度落ち込んだりすると、もう何か月も、いやそれ以上にわたって長い間、落ち込んでいる人もいるからね。でも、イルカは、瞬時に感情を選択するから安定できるんですね。悲しみのエネルギーが望まないものであれば、喜びのエネルギーに瞬時に変換できる。感情のスイッチを自分の望むものに即座に切り替えられるということだ。

ドクタードルフィン　そういうこと。でも、それができないのが人間なんですけれどね。ところで、光一さんは同じシリウスBでも、イルカじゃないと思うんだよね。どちらかというと、クジラのエネルギーという感じではないかと思うんだな。ちなみに、『あなたの宇宙人バイブレーションが覚醒します』（徳間書店）という本で対談させていただいた不食の弁護士で有名な秋山佳胤《よしたね》さんは、やはり私と同じイルカ族なんですよ。でも、シリウスBではイルカとクジラは兄弟なんですよね。それぞれ所属するコミュニティは違うけれども、同じ性質の魂を持っていると思うのです。もちろん、私たちのイメージする物理的な存在としてのクジラというものではなくて、いわゆるクジラのエネルギーのことですね。

光一　そう、そう！　私もシリウスからだけれど、自分はなんとなくイルカではないと思っていた。言われてみると、確かにクジラかもしれないね（笑）。クジラのエネルギーは、この世界に光をもたらして、闇を浄化するともいわれていますね。

ドクタードルフィン　それこそ、まさに光一さんのことじゃないですか！　あと、シリウスにはAとBがありますが、AとBではその波動のタイプが陰と陽の関係のように違います。Aの方はどちらかというと、しくみや規律、理論などを司るエネルギーであり、Bの方は、より霊性や自由さ、拡散・拡大するエネルギーです。シリウスBは青白いエネルギーで高次元水晶、つまり、高次元珪素からなるエネルギーで反重力であり、自由自在にフリーエネルギーも生み出される空間です。思ったことも瞬間的に実現する世界です。

光一　青白いエネルギーということで、ヒーリングも可能なんですよね。たとえば、レイキのエネルギーなんかはもっとあたたかい明るいエネルギーです。でも、青白いエネルギーは、メンタル体とかもっと深いレベルに働きかけるエネルギーなんですよね。

ドクタードルフィン　そうなのです。人間のチャクラの色が身体の下から第1チャクラの赤からはじまって、オレンジ、黄色、緑と上に上がってくるほど青味を帯びてきますよね。つまり、青白いエネルギーになればなるほど松果体に入ってこれるのです。丹田に入るのは振動数を落とした明るい色のエネルギーですからね。

光一　青白いエネルギーの世界だから、イルカもクジラも泳げるんだよね。

ドクタードルフィン　そうそう。考えてみると、私は松果体のことをやっているので、第7チャクラの色でもあるピンク紫色のドルフィンなんですが、光一さんはハートのことをやっているのでハートのチャクラの色でもある緑色のクジラなんですよね。

そうだ！　私がドクタードルフィンなら、光一さんのシリウス名を名付けるとするなら、「ホエール光一」だね（笑）。それも、ホエールというのは、「吠《ほ》える」

のと掛けている〝ダブルミーニング〟です。何しろ、我々は2人して地球人に「いいかげん、目覚めなさい！」と吠えているわけだからね。

光一 イルカとクジラのコンビ誕生だね！

ドクタードルフィン はい！　イルカとクジラの対談ですね（笑）。

第2章
松果体のヒミツ

現代人は松果体が退化している

ホエール光一　いいですね！　ＯＫ！　今日は、ここからは私は〝ホエール光一〟でいきます(笑)。それにしても、ドクタードルフィンは松果体に着目することで、ここ数年は新しい医療の形の提案からスピリチュアリティの領域に至るまで、これまでになかった斬新な考え方を説かれていますね。

ドクタードルフィン　はい。まず、松果体とは簡単に説明すると、脳の真ん中にある8ミリ程度の小さい組織であり、夜になると睡眠ホルモンであるメラトニンを出したり、「幸せホルモン」と呼ばれるセロトニンを分泌したりする組織のことです。また、松果体の主成分は珪素から成っていることもわかっています。

現在、地球人の松果体は脳の進化とともにより退化して収縮し、石灰化していることも多いのですが、本来なら、宇宙の叡智の高いエネルギーが、知識・情報として人間の中に入るために身体の低いエネルギーに変換される変換器のような働きをする場所でもあるのです。また、宇宙の叡智も高いエネルギーのままでは人間の細胞を壊してしまうので、松果体で叡智をアンテナのように受け取り、振動数を落として背骨の中の脊髄《せきずい》を通って身体中の細胞に運ばれるというわけです。

でも、現代人は松果体が不活性になっていて弱体化しているので、宇宙の叡智が上手く取り入れられない人がほとんどだといえるでしょう。

また、松果体は、フッ素や水銀などで弱体化してしまうのですが、フッ素は歯磨きのペーストなどに入っていたりしますし、水銀は虫歯の治療などで歯科で使用されるアマルガムや医師が勧める予防接種に含まれています。最近なら汚染された魚介類にも水銀が入っているので、気をつける必要があります。

松果体が宇宙の叡智を身体の叡智に変換する

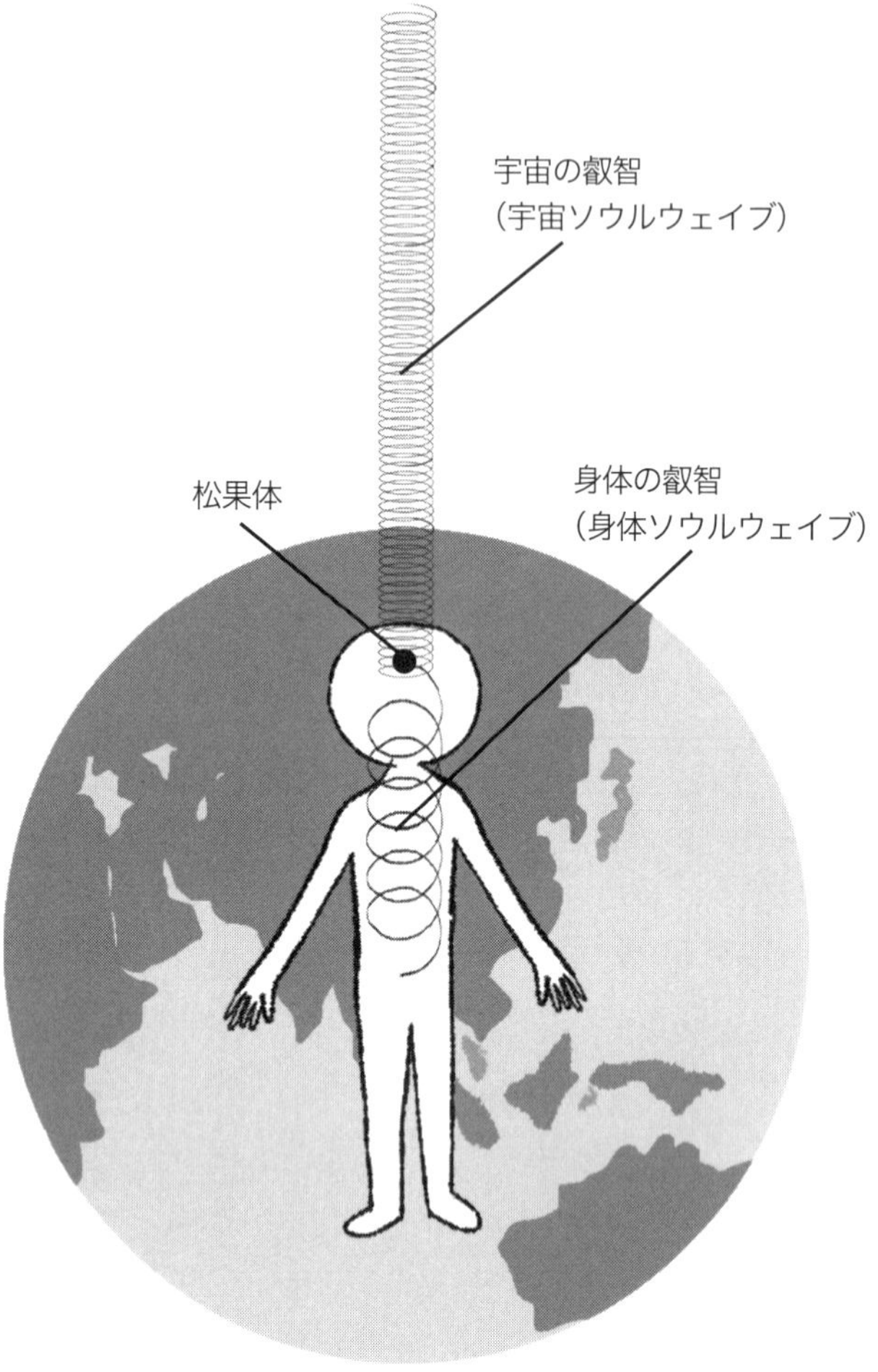

ホエール光一　あえて我々人間が目覚めないように、フッ素なども使われているという説もありますね。

ドクタードルフィン　そう思いますよ。では松果体はどうしたら活性化できるか、と言われればやはりぷあることが一番なんですよね。もちろん、サプリメントなどで珪素を補給することも助けにはなりますが、自分がぷあるのが最大の活性化法だといえるでしょう。

人生が変わるから、その結果、健康になる

ホエール光一　それにしても、松果体は古代から人間が神性とつながる場所だとされてきましたが、まさに、現代医療にその考え方を取り入れたのはすごいですね。特にドクター

ドルフィンが提唱されていることで面白いなと思ったのは、人間が宇宙の叡智とつながることで、我々人間にどのような影響が及ぶか、というあたりの見解です。

まず、①人生や生き方が変わる。そして、その次に②感情や能力が変わる。そして、最後に③身体や健康が変わる、とおっしゃっていること。これは、これまでのスピリチュアルの世界で言われてきたこととまったく逆なんだよね。もちろんこれまでも、ココロとカラダはつながっているとか、ココロとカラダはひとつ、などということはさんざん言われてきました。

だから、今ではもう誰もが日々のストレスなどで体調不良になったりするのは当然だと思っているし、健全な身体があるからこそ、そこに健全な精神が宿り、そしてそれが生き方や運命に反映する、ということを信じているわけだ。身体が元気でイキイキしているからこそ、運を開いていける、という考え方も理には適《かな》っているのです。でも、ドクタードルフィンによると、人生や運命が変わるのが最初で、身体に変化が訪れるのは最後になるわけなんですよね。この見解には、誰もが驚いたのではないでしょうか？

ドクタードルフィン

そうでしょうね。でも、ここの部分こそ、私が医師であり臨床家だから解明できたことなのだと思っているんですね。それに同じ医師は医師でも、私ほどあらゆる種類の患者さんを診てきた医師はいないのではないかと思うのです。なにしろ、本当にさまざまな悩みや困難を持った患者さんがいらっしゃるから。そして、基本的に、患者さんたちの症状や病気には、あらゆる人間関係や社会環境、心の問題や感情などの人生におけるすべての要素が絡んでいる。私は医師として、症状だけではなく、それらについても、すべて立ち会ってきましたからね。

ホエール光一

「人生から最初に変化する」というのは、すべて臨床におけるデータにもとづいた見解なのですよね。

そのとおりです。患者さんたちが宇宙の叡智とつながるとどう変わったかについて、すべて臨床において診てきているのです。心の持ち方が大事、とよくいわれますが、やはり、まずはその患者さんのエネルギーの大本を診ないと、その人の心の状態を診ることはできない。そして、エネルギーの大本を診ないと、魂に気づきを与えることもできないのです。でも、他の人たちは逆からそれを試みようとするわけ。宗教でもカウンセリングでも、すべて心の状態や在り方から魂を変えていこうとしていますよね。でも、私たち人間のように肉体を持った存在は、まずは、肉体を作るエネルギーの大本から整えていかないと人生は変わらないのです。

そこで、私が行っているのは患者さんのエネルギーの大本である「ソウルウェイブ（神経の流れ）」を整えて、宇宙の叡智とつながりやすくすることです。ご存じのように、神経は背骨の中を通る脊髄と、そこから枝となって延びる脊髄神経を通り道にして、身体中のあらゆる細胞に必要な情報を届けているのです。つまり、宇宙の叡智のエネルギーは神経とともに身体を巡っていくのです。

身体ソウルウェイブのネットワーク

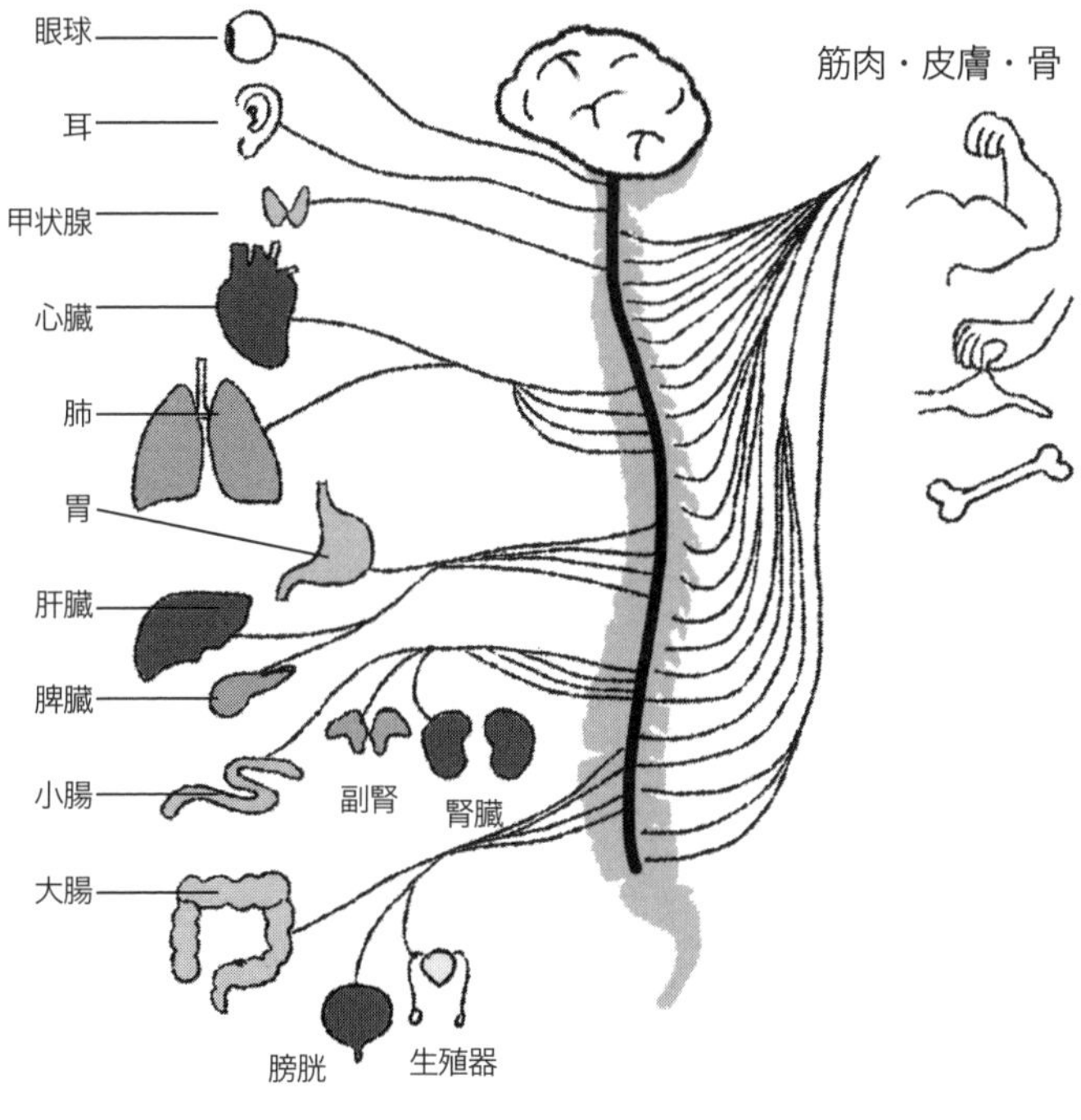

将来は遠隔診療をスタンダードに

ホエール光一 神経は、まさに「神の経《みち》」と書きますよね。

ドクタードルフィン はい。そのようにして、できるだけ「自分神」と近いところまで、患者さんのエネルギー振動数を上げていく。すると、高次元多重螺旋《らせん》ＤＮＡエネルギー（目に見えない12重螺旋ＤＮＡのこと）が整いはじめると、まずは人生で体験することがよくなっていくことがわかりました。患者さんたちは、自分の人生がいい方向に動きはじめるものだから、感情も落ち着くし、眠っていた能力だって目覚めてくる。そんな本来の魂の姿を生きている自分になったときに、最終的な結果として病気や症状が良くなっていく、というケースをこれまでたくさん目撃してきたのです。

ホエール光一 つまり、本来の自分自身を生きていると、「あれ、あの症状、そういえば最近なくなっている」ということになるわけだ。

ドクタードルフィン そう。気がついたら、症状や病気が消えていた、というのが理想的ですね。当初は患者さんの身体に直接手を触れて、触れた場所の細胞振動数を正して、DNAの絡みをクリアにしていたんですね。そこから、患者さんの頭に手を触れて脳の振動数を正すことにより、宇宙の叡智が取り入れられるようになりはじめた。最近では、患者さんの松果体DNAエネルギーを修正、書き換えることによって、患者さんの高次元多重螺旋DNAをすべてリセットできるようにもなりました。

ホエール光一 診療の仕方も年々進化しているわけですね。最新の診療は、どのように行うのですか?

患者さんに手を触れずに頭の上に手をかざしたまま行う診療ですね。まず、基本的に、患者さんにつながる宇宙の叡智は、私の松果体の右側、いわゆる「ホルスの右目」で受け止めることで、私の右手には患者の人生や身体のシナリオを感じ取ることができるのです。そして、左手には、患者さんのシナリオにはなかったはずの常識や固定観念、集合意識、いわゆる「ホルスの左目」で受け止める絡まった情報を感じることができます。

そして、その人が自身のシナリオをどれだけ正しく生きているか、生きていないかを感じとった上で、それらを一気に白紙に戻すのです。そして次の瞬間には、右手にその人のシナリオが一瞬でダウンロードされるのです。このときに、患者さんの望む方向性を書き換え、新しい高次元のＤＮＡコードを書き加えることができますが、そのシナリオが持つ気づきや学びも生み出すことになります。しかし、患者さんが、それらを自覚するタイミングはまちまちです。

ホエール光一
「ホルスの目」は、古代エジプトのシンボルで「すべてのものを見通す目」といわれているからね。フリーメイソンのシンボルである「プロビデンスの目」はこのホルスの目をモチーフにしたものだしね。

ドクタードルフィン
そうなのです。人間がこれから進化していくためには、松果体の右側を活性化して、左側を不活性化させていかないといけない。フリーメイソンやイルミナティなどのいわゆる巨大な権力は人々が宇宙の叡智とつながると彼らが思うとおりに支配できないので、それぞれがもともと持っている運命のシナリオをそのとおりに生きられないように集合意識などで操作していますからね。

ホエール光一
その呪縛をドクタードルフィンは一瞬で解いてしまうということだ。

そうなのです。このような手を触れない遠隔操作によって、曲がっていた骨が一瞬でまっすぐになったり、目が見えるようになったり、耳が聴こえるようになったり、麻痺していた身体がうごくようになったりと奇跡的な結果がたくさん出ています。今後は、患者さんの松果体のエネルギーを、まったく離れた時間と空間で行う超時空間で操作する遠隔医学を世の中に広めていきたいですね。私がリニューアルした松果体のエネルギーを時空間にアップロードしておき、その人がいつでもどこでも好きなところでダウンロードするシステムを考えています。

これからの新しい地球のための高次元医学、いわゆる超次元・超時空間松果体覚醒医学では、最終的には皆さんが自分で自分のケアをできるようにしていく、ということができればベストではないかな。やっぱり、地球に住んでいると、日々の生活の中でどうしてもネガティブなエネルギーに影響を受けてしまうからね。だから、自分で気づいたときに自分のエネルギーを修正していく、というのが理想ですね。

ホエール光一　まさに医者いらず、ということになるのが本当は理想的なんでしょうね。でも、そうなると医療業界は困るかもしれないね。

ドクタードルフィン　遠隔医学などを広めていこうとすると、きっと私は業界からは叩かれると思うのです。それでも、お喜びさまなんですよ。叩けるものなら、叩いてみてください(笑)。私はそんなこともうれしいんですよ！

ホエール光一　すばらしい覚悟だね。でも、そんなドクタードルフィンの未来型の医療も、少しずつ受け入れられてくると思いますよ。

珪素化しつつある不食の人

ホエール光一 それにしても、医療も日進月歩だけれども、最近では、健康に対する捉え方がもう一辺倒ではなくなりましたね。食べて栄養を摂ることで健康になろうとするよりも、食べないことで健康になろうとする人もいたりするような、その人に合った健康を考えることが主流になってきました。

ドクタードルフィン そうですね。基本的には、不食の人は空気中にある「プラーナ（光）」が栄養になっています。たとえば、不食の弁護士の秋山先生などもほぼプラーナで生きているような方だけれど、このプラーナは物質ではない高次元珪素でもあるのです。珪素でできている松果体のポータルであるシリコンホールからは、宇宙から無限大のエネルギーが放出されていますが、これがいわゆるプラーナというものなんです。

人間の身体にはエーテル体、アストラル体、メンタル体、コーザル体というエネルギーフィールドが外側に向かって広がっているように、細胞のＤＮＡにも、2重螺旋から順番に4重、6重、8重、12重螺旋の形で目に見えないエネルギーの層が乗っています。細胞はタンパク質で、その骨格は炭素で構成されているので、これまでの地球人の身体なら、炭素骨格である炭水化物、脂肪、タンパク質の三大栄養素を取り入れないと人間の身体は維持できなかったわけです。けれども、不食の人はポータルであるシリコンホールからプラーナを取り入れて、そのエネルギーが目に見えない高次元炭素を珪素化しているのです。

実は、人体のブラックホールとも呼べる松果体にあるポータルの役目を果たすシリコンホールは、エネルギーの形として平面ではフラワーオブライフ、3次元ではマカバスターのグリッドになっているのです。マカバスターは、正四面体が逆さまに重なった形状であり、8つの頂点を持っている。つまり、8つの電子を放

珪素原子とシリコンホール

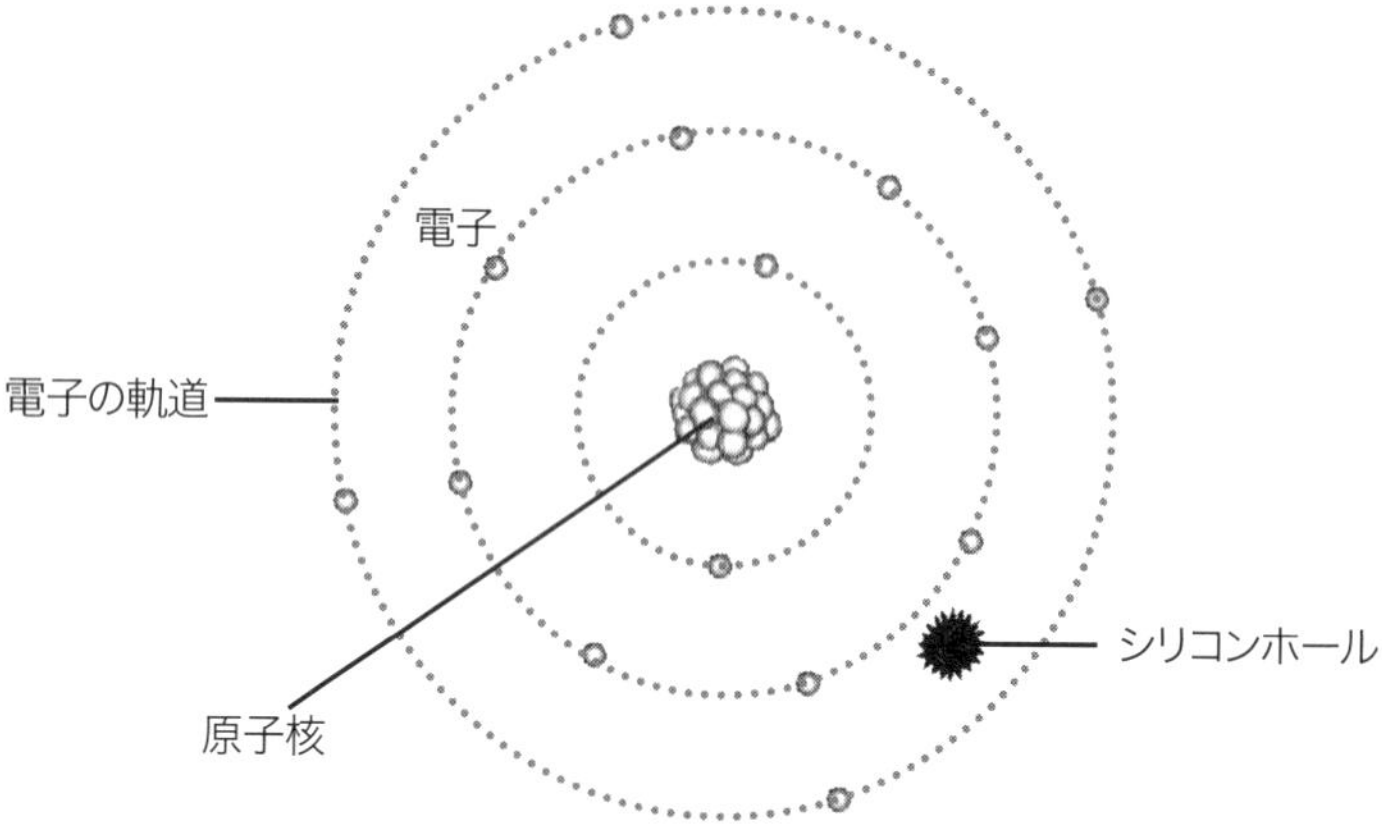

出する能力が高いということです。炭素は原子番号が6で電子を6つもっていますが、ここにこの8つの電子が与えられると、原子番号は14になり珪素の原子になるんですね。

つまり、弁護士の秋山先生のような不食の人は身体はまだ炭素構造ではあるけれども、身体の周囲のオーラであるエーテル体やアストラル体はすでに珪素化しているというわけです。将来的に地球人の松果体が活性化していくと、やがて、食事をする必要もなくなり、睡眠時間も減っていく。このまま進化していくと、そんな人たちは高次元珪素のエネルギー体になっていくでしょう。

高次元多重螺旋 DNA

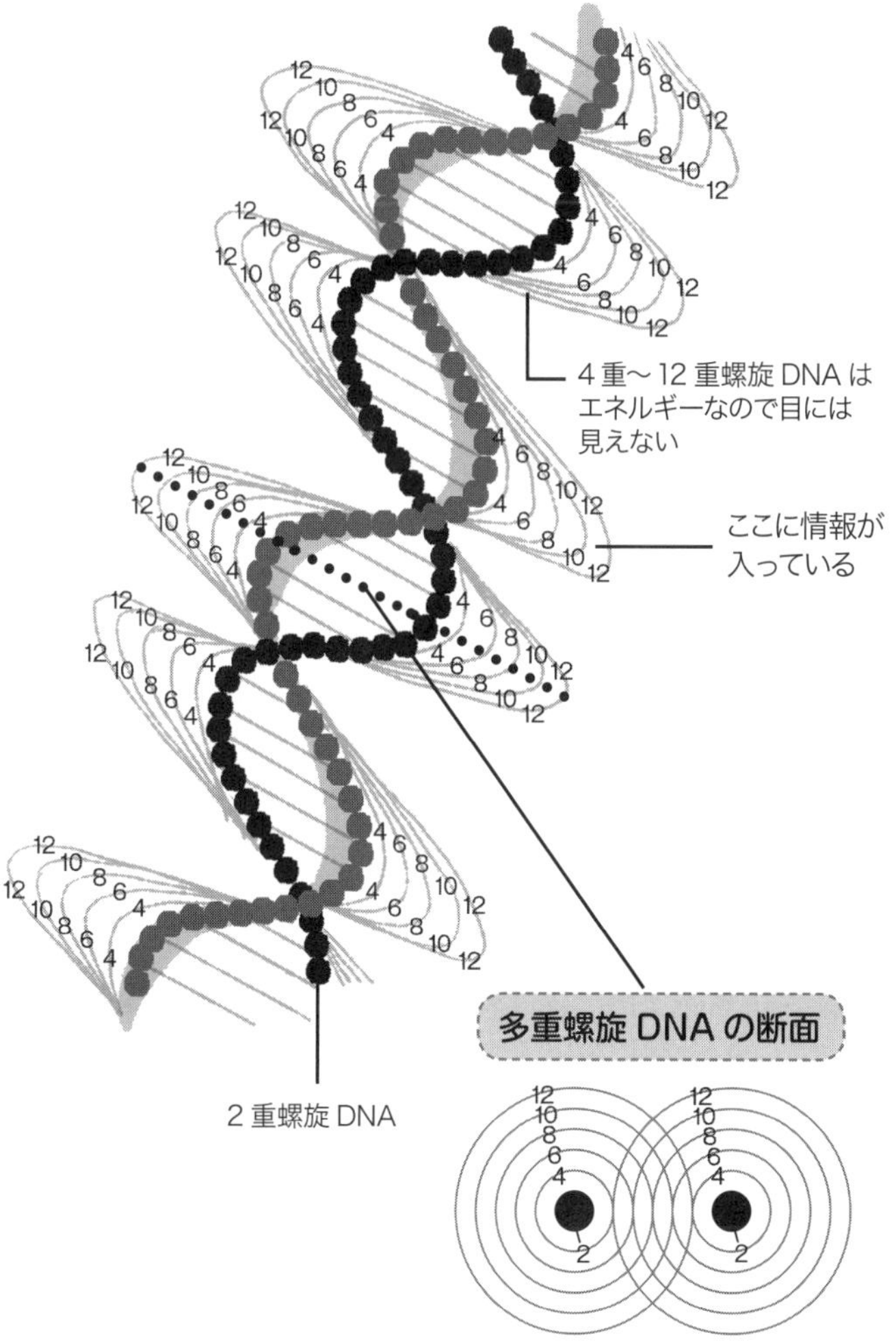
4 重〜 12 重螺旋 DNA は
エネルギーなので目には
見えない
ここに情報が
入っている
2 重螺旋 DNA
多重螺旋 DNA の断面

ホエール光一　これはすごい情報だね。はっきりいって、ノーベル賞ものの発見ではないのですか？

ドクタードルフィン　そうですかね。でも私は、たぶん死んでから認められるんだと思います（笑）。地球のノーベル賞は3次元のガチピープルが選ぶから、宇宙のぷあピープルが選ぶ賞でいい！　このままいったら私はいつか地球から消えてしまうかもしれないですね。でも、まだ、食事もお酒も美味しくいただけるおかげで、こうして地球にグラウンディングできているようなものかな（笑）。

ホエール光一　いや、もうしばらく一緒に地球で愉しみましょうよ。でも、そのような情報は、普通はどういった感じでダウンロードされるんですか？

ドクター ドルフィン 自分の松果体がブ〜ンと震える形で降りてきますね。診療中にも突然起きたりしますよ。松果体が震えてくると、「あ、そろそろくるな！」というのがわかるんですよ。でも、震えるといっても最近よく耳にする「ソルフェジオ周波数」のような荒い振動ではなくて、繊細な高振動なんですよ。

ホエール光一 面白いのは、瞑想してそれらの情報をダウンロードしているわけじゃないということだよね。

ドクター ドルフィン そう。リラックスできている無の状態のときによく起きるかな。一生懸命集中しているときには起きないものです。地球でよしとされている頑張ることや、努力することはすべてガチっていることになりますからね。

惑星の誕生と消滅に珪素がある

ドクタードルフィン　ところで、これは数か月前にわかったことなのですが、惑星が生まれる瞬間と死ぬ瞬間の写真を撮影すると、一番多い元素が珪素であることがわかったんです。
つまり、珪素はこの宇宙が生まれるときに最初に存在した元素であり、そして最後に残る元素でもあるということ。いわば、珪素が存在することによって、惑星から人間に至るまで、すべての生命体が誕生するのです。

ホエール光一　へぇ〜。それはすごいね。珪素とは、この世界のすべてのものを生み出す母親みたいなものであり、かつ、最後の最後まで残っている永遠性のある元素でもあるんですね。

ドクタードルフィン　そういうことです。シリコンホールには、エネルギーを吸い込むブラックホールと、吸い取ったエネルギーをクリアにして放出してくれるホワイトホールの2つがあるんですね。宇宙から惑星が生まれるときには、ホワイトホールの方から珪素やカルシウム、マグネシウム、鉄などの元素が出てきます。

ホエール光一　そして、惑星が消滅するときには、ブラックホールに吸い込まれていくというわけですね。ところで、最近よく話題になっている「ソマチット」などはどう思われますか？　地球上のすべての生命体に存在しているという、細菌よりも小さな超微小生命体であるとされていて、古代の貝などに含まれているという古代のカルシウムなどで、これを摂取すると自然治癒力がアップするなどといわれていますよね。

ドクター ドルフィン　ソマチット自体が珪素でできていると思いますよ。

ホエール光一　やっぱり。私も珪素とソマチットの在り方が同じなので、同感です。

ドクター ドルフィン　ソマチットは珪素から作られる最初の生命体で、動きをもちます。そしてシリコンホールにより、周囲の環境への適応力が特に優れています。ソマチットを構成する珪素が成せる業です。

ホエール光一　ということは、珪素は最強の元素なんですね。

第3章
スピリチュアル界を斬る！

今のスピリチュアル本は魂が喜ばない

ホエール光一　今、スピリチュアルの世界を見渡すと、「幸せになりたい！」「願いを叶《かな》えたい！」ということからスピリチュアル関連の本をいろいろ読んだり、各種セミナーに通ったりしても、「あれをやってもだめ」「これをやってもだめ」となってしまうスピリチュアル難民、いわゆる〝スピ難民〟たちが増えているんですよね。もう、あれこれやってきたけれどどれもだめだった、と絶望している人が多い。こういった現象についてどう思われますか？

ドクタードルフィン　今のスピリチュアル愛好者たちは、常に何かに頼ろうとしているのが問題なんですよ。逆に、頼れるものがないとダメだと思っている。最近では、「あなたはそのままでいい」「ありのままのあなたが一番」という本もたくさんあるけれど、でも、結局そういう本を読むと、「これはいい」「これはよくない」ということばかりが書いてあるんだよね。

ホエール光一
それ、すごくよくわかります（笑）。あと、「ありのままでいい」と言われることで、「ありのままでいなければならない」というトリックになってしまう。だから結局、「ありのままでいい」と言いつつルール本になっているんだよね。

ドクタードルフィン
そう。だから、ありのままの自分を作るためのルールに囚われてガチガチになってしまう。それでは、「どうすればいいの？」と言われるのなら、「あなたの望むままに」というのが私の答え。もう、魂のシナリオなのだから、いい悪いはないのです。最近では、私がぷあることを提唱しているから、「頑張ってぷあります！」とか「ぷあろうとしているのに、なかなかぷあれません！」という人も多い。でも、「そういえば、今、ぷあっているな」というのが正しいぷあり方なのです。要するに、ふと気がついたら、自分はぷあっていた、というのが正しくぷあれている、ということです。

ホエール光一

「ぷありたい！」と意識しているうちは、まだ、ぷあっていないということだからね。

ドクタードルフィン

そうなんですよ。実際に、これまで私もスピリチュアル関係の本はたくさん読んできたけれども、悲しいことに、どんな本を読んでも心は喜ぶけれども魂までは喜ばないのです。スピリチュアリティを扱う本ならば、本来は魂が喜ぶことを教えてほしいのに教えてくれない。でも、一応、形だけは見せようとはしてくれているんですよね。けれども、本質をあえてぼやかしている。そして、「その本質の部分を教えてほしい」と質問しても、答えられないものがほとんどなのです。

もちろん、どの本にも一応いいことは書いてあるんですよ。でも、基本的にそのほとんどがハウツーでしょ。必ず常識と固定観念で良いとされている方向に向かわせようとしているものばかり。そして、その枠の中でいい人間になるように提案している。要するに、「グッドガイ（Good Guy）＝いい人」になれ、というものばかりだよね。でも、宇宙はグッドガイなんて求めてないいんですよ。

ホエール光一

そうなんですよね。自己啓発などを説く本も、正しい生き方をするべきとか、まっとうな人でないといけない、きちんとした人でないといけないみたいな考え方が多いですよね。道徳観とか倫理観みたいなものを説く内容のものも多い。

ドクタードルフィン

そうそう。でも、その中でも今、売れている本の特徴を挙げるとすると、まずは基本的に「ルール」や「コツ」などのアプローチでガチっておいて、そこから、ちょっとだけはみ出るコンセプトのものが売れているような気がしますね。というのも、そうでないと、読者の方がついてこれないから。要するに、まずある程度、理解できる常識的な概念＝ガチるという枠にハメておいて、そこから少しはじけたり、自由な発想の生き方を提案している。そうでないと、読者に理解してもらえないのです。だから結果的に、どれもつまらないものになってしまっている。

ホエール光一

それこそ、まさに私が使っている言葉である「ボックス」の考え方とも同じですよね。ボックスとは、「無意識がつくり出した思い込みや信念体系のこと」を指しているのですが、私たち人間は、何らかの思い込みを抱えてしまうと、いつの間にか見えない壁をつくって、その内側をぐるぐると回り続けていることがあります。この状態を私は「ボックスに入る」と呼んでいます。

ドクタードルフィン

今の地球人は、ボックスなしでは生きていけませんからね。

ホエール光一

そうなんですよ。そういう意味において、あるひとつの考え方を提供する側も、それを受け取る側も同じボックスの中でしか感性を共有できないし、アイディアを同じ尺度でないと判断できないからね。でも、本来ならボックスを超えないと新しい自分になることはできないはずなんですよ。脳に刷り込まれたこれまでの古い考え方でそれらの情報を捉えているうちは、新しい自分になったつもりでも、実はまだ同じボックスの中にいるままなんですよね。

ドクタードルフィン

そう。それに、その情報を提供する側も、ボックスという枠を大事にしないとファンがついてこれないからね。だからこそ、いつものボックスからちょっとだけ飛び出したことを提案したりするのです。

ホエール光一

基本的に、キリスト教をはじめとする世界中の主な宗教なども、このボックスという枠の中で信者たちを囲い込むわけだからね。でも、ボックスから出た方が本人も喜びの中で生きていけるし、宇宙にも、一人の人間として貢献できるんですけれどね。

ドクター
ドルフィン　ですから、人は、ボックスの中にいると成長しないんですよ。

ホエール光一　実際には、ボックスを出るということは、ボックスの中から無限大に広い世界に飛び出すというよりも、そのボックスが少しずつ外側に向かって拡大していく感じなんだよね。でも、ボックスが拡大するたびに、自由度や柔軟性がどんどん増してくるのです。

ドクター
ドルフィン　ボックスが拡大する＝成長するということですね。そんなときは、決まって右螺旋で上昇していくのですが、常識や固定観念に囚われてしまうと左螺旋で下降していきます。

ホエール光一　すると、ボックスもどんどん小さくなっていくわけですね。つまり右回りがぷある、左回りがガチるということだね。

ドクター
ドルフィン

はい。松果体のポータルが開くときは右螺旋で上昇する。そして、閉じるときは左螺旋で下降するのです。

ホエール光一

でも、地球人はそのどちらも選べるんだよね。

なぜ、「ありがとう」だけだとダメなのか

ドクター
ドルフィン

あと、ここ数年のスピリチュアル系や自己啓発系の流れには、「ありがとう」という言葉が開運ワードのようになっていて、この言葉を魔法のように唱えればいい、というような傾向にもなってきている。でも、「ありがとう」という言葉だけでは、宇宙のサポートは入らないのです。というのも、「ありがとう」とい

う文字を漢字にすると「有り難う」となるように、「有ることが難しい」という言葉だからです。

ホエール光一　本来なら、ありがとうとは、「有ることが難しいほどすばらしいこと」という意味でもあるのだけれどね。

ドクタードルフィン　もちろん、そういう意味での「ありがとう」ということはわかっています。ただし、文字としては「有ることが難しい」とだけしか表現されていません。なので、そのままだとエネルギー的にはネガティブになってしまうんですよ。

そして、もうひとつ大きな問題があって、それは、「ありがとう」という言葉には、主語が入っていないということ。つまり、「ありがとう」というフレーズの中には自分の意識が入っていないことになる。だから、「私からあなたへありがとう」という意味で使っていたとしても、「ありがとう」だけだと「有ることが難しい」

と言っているようなものなのです。

ホエール光一

なるほど。言葉がそのままパワーをもつ言霊の考え方からすると、そういうふうになるかもしれませんね。

ドクタードルフィン

そう。だから、「ありがとう」だけでは宇宙は喜ばない。一方で、「お喜びさま」という言葉は、自分にとっても、あなたにとっても、他の誰かにとっても、そして、宇宙にとってもその言葉どおり「お喜びさま」となるのです。そして、ここが大切なのですが、言葉の最後には宇宙には、自分がどう感じているのか、どんな意識を込めているのか、ということをきちんと発信しないとサポートが入らないのです。だから、サポートを受けとるための完全フレーズとしては、「ありがとう。お喜びさま。うれしいです」という言葉をセットで発信することがおすすめです。

ホエール光一　これが宇宙のサポートを受けるためのマントラですね。ちなみに、私の「ボックス」の考え方では、「個人のボックス」だけではなく、「地球人のボックス」というものも存在しているんですね。そこでは、「ありがとう」という言葉も単体だけでは反応するのです。なぜならば、すでに集合意識の中に「ありがとう」という言葉に対する我々が持っている概念が入っていますからね。

ただし、今後、個人個人が地球自体をもっとぷあらせて、地球自体の波動を上げていくことに貢献したいのであれば、これまでの「ありがとう」だけでなく、新たな言葉を加えていくことも必要になってくるでしょうね。「ありがとう」という従来からある感謝を意味する言葉に、喜びやうれしい、愉しい、気持ちいい、という言葉が加わることでさらに我々人間の魂は共鳴していくはずです。

ドクタードルフィン
自分がこの瞬間に生きる喜びを感じている、ということに宇宙は反応をするのですからね。やはり、「ありがとう」だけでなく、3つの言葉がセットでないとダメなのですよ。

ホエール光一
わかります。たとえば、あの有名な日本の神話にもありますよね。アマテラスが暴れん坊だった弟のスサノオから身を隠すために「天岩戸《あまのいわと》」の中に隠れてしまったときに、アマテラスを外の世界に連れ出すために取られた作戦を思い出してみてほしいのです。アメノウズメは愉しそうに舞い、八百万《やおよろず》の神々はにぎやかに笑って愉しそうにしている。「こちらは、うれしいぞ！　愉しいぞ！」とアマテラスにアピールしたわけだよね。そこでアマテラスは「自分は岩戸にこもって暗くなっているのに、どうして外の世界はあんなに愉しそうなの？」と岩戸を開けたところでアマテラスは外の世界に連れ出されたわけなのだから。

ドクタードルフィン　それこそ、まさに神々＝大宇宙とは「お喜びさま」の世界なのだ、ということを表現している物語ですね。

ホエール光一　そうなのです。「ありがとう」もいい言葉なので、そこに「お喜びさま」と「うれしいです」を付ければ言霊的にも最強になりますね。

ドクタードルフィン　そうそう。自分も相手も、そして宇宙も喜ばせてあげないといけないのです。

「引き寄せブーム」について

ホエール光一　ところで、昨今の引き寄せブームなんかは、どういうふうにご覧になっていますか？　今、スピリチュアルや自己啓発の世界では引き寄せ、引き寄せっていわれているけれど。

ドクタードルフィン

「ハッピーになれば、もっともっとハッピーを引き寄せられるよ。だから、まずは自分からハッピーになろう」というような考え方が今の〝引き寄せ界〟の定説ですよね。でも、自分が選んできたシナリオには、つらい思いをしたり、悲しい思いをしたり、痛い思いをすることも選んできていたりするもの。そして、すべての体験は自分ひとりではできない。どこかで必ず相手が必要になりますよね。そこで私たちは、自分の魂にふさわしい気づきと学びを得るためにぴったりな相手を引き寄せるわけですよ。それが、宇宙の叡智とつながっているということ。宇宙の叡智とつながると、自分の魂の気づきと学びを修正できる相手を引き寄せられるのです。

ところが、ほとんどの人は、「私が幸せになるためには、こんな人と会わなくてはならない」とか、「幸せになるには、こんな人と関わっていてはダメだ」という意識になっているから、どうしてもガチってしまう。そして、ガチった状態で引き寄せた人は、実際には幸せになれる相手ではなかったりするんだよね。

それに、何よりもまず、「引き寄せの法則」と言うと、皆、自分の人生のためにはいい人間、すばらしい人間を引き寄せなくてはならないと思っているでしょ？

でも、魂の成長のためには、いわゆる悪い人間や、自分が求めない人間だって引き寄せることもあるんですよ。それも、お互いが学ぶため。だから、現実の世界では、自分では望んでもいない出来事や悲惨な事件が起きたりするのです。

ホエール光一　人間の一生は、いいことばかりが起きて、「ハッピー、ハッピー、ハッピー！」なんてことはないからね。

ドクタードルフィン　そういうこと。そうじゃないと我々は、わざわざこの地球に来ませんって。人間はもっと奥が深いんですよ。つらさや悲しみ、怒りを題材として地球に学びに来ているんだからね。試験に落ちたり、離婚したり、会社をクビになったり、病気になったり、そんな望まないことだって人生のシナリオには書き込まれている。でも、そういうことがいざ自分の身に起きたときに、「ああ、こんな自分ではもうダメだ！」となるから、宇宙の叡智と切り離されてしまう。

要するに、「こんな人生ではだめだ」とか「今の自分を変えたい！」と思った時点でぷあれないんですよね。ということは、引き寄せのルールというもの自体が完全にガチっていることになってしまう。なぜならば、引き寄せのルールの根底にあるのは、「今の自分を変えたい人へ」とか「なりたい自分になるために」というものだからね。

「お金と豊かさ」と「成功」について

ホエール光一

お金関係や豊かさの本やメソッドなどもまったく同じですよね。私はビジネスの世界にいたから、常にお金というものに関わってきた方だけれど、基本的にビジネスの世界の人はガチっていますからね。でも、いろいろなことにぶつかって、もうどうしようもなくなってあきらめて「えいやっ！」ってなったときに、道が開ける人が多いんだよね。

ドクタードルフィン

わかります。会社を経営している人などは、常に売上や利益のことなどお金のことで頭がいっぱいだと思う。でも、そんな人が「ついに明日、破産しそう！」みたいなときに、「これでいいんだ。ありがとう、お喜びさま。うれしいな！」と思えたら、次の日に状況がガラッと変わるもんなんですよ。

ホエール光一　でも、皆、それができないんだよね〜。

ドクタードルフィン　そうなんです。それに、お金や豊かさの本などには、すべての前提として「お金があることがよくて、お金がないことは悪い」という概念があります。そして、「お金持ちになれない自分がダメだ。だからなんとかするべきだ」ということもベースにあります。このような考え方がベースにあることで、「さあ、どうしたらお金をもっと手に入れられるか」という方法を伝授している。だから、よけいにお金への執着を強めてしまっているのです。そうなると結果的に、豊かさにつながるはずのポータルも執着によって閉じてしまうんですね。要するに、豊かな世界で生きている自分のパラレルに瞬間移動するポータルが閉じてしまうことになる。

ホエール光一　結局、執着は、豊かさの〝巡り〟を止めてしまうんだよね。そして、お金を手に入れようとして、逆にお金を遠ざけてしまう。

ドクタードルフィン　この地球で低い振動数を作り出すエネルギーは、「執着」と「後悔」です。この2つは、時間の概念や過去、未来のない高次元シリウスではどちらも存在していないものです。

ホエール光一　でも、この現実の世界で生きている限り、お金は必要なものだし、自分のやりたいことをやっていくためにお金は不可欠なものなのは確か。だから、皆、必ずどこかで豊かさに対する問題を抱えてしまうんだよね。

ドクタードルフィン　とにかく、我々が生きているこの世界にお金というものが存在している限り、お金は動かさないと暮らしていけない。だからこそ、お金を「お喜びさま」にするしかないのです。

ホエール光一

金運アップの祈願じゃないけれど、今では神社なんかもパワースポットと呼ばれて、人々がお願いをしに行く場所になってしまった。だから神社に行くと「お願いします！」「お金持ちになりたい！」とか「助けてください！」という欲望の波動にあふれている。でも、本来なら神社は、お喜びさまの波動だったはずなのにね。

ドクタードルフィン

だから、神社も「お喜びさま」としてお参りすればいいのです。でも神社に参拝する際も、形式や儀式などが入ってしまうと、どうしてもガチってしまう。この日には何をお供えしなくてはならない、お参りするときの礼儀はこうでなくてはならない、となってしまうとお喜びさまの波動からだんだん遠ざかってしまうんだよね。

ホエール光一

おっしゃるとおりです。あと、お金と豊かさは成功するためのルールとしても捉えられているからね。

ドクタードルフィン

何しろ、地球ではお金＝成功と認識されていますからね。よく、巷《ちまた》の成功本などには、「自分が達成したいゴールを設定しろ」というものも多い。でも、それで成功する人は、たまたまサポートが入ってそれが上手くいったパターンだったということ。でも、基本的には、宇宙的な視野で見たときには、目標設定をすると逆に可能性を縮めてしまうことになる。だから、私自身は、一切目標設定などはしていないんですよ。

ホエール光一

私もまったく同じ考え方です。自著の『きめればうまくいく　あなたにもできる神性エネルギー活用法』（ナチュラルスピリット）という本でも、「願い事は抽象的にすること」と説明していますね。というのも、抽象度が上がるほどに物事の波動は繊細になるし、繊細な波動の方が動かしいやすいのです。だから、

「自分には価値があり、幸せな人生を生きることができるのだ」と自分で決めるだけでいい。その方が、よっぽど想像していなかったような幸せを手に入れられたりするものなのにね。

ドクタードルフィン

そういうこと。具体的な目標を立てて、勝ち負けにこだわっているうちは、まだガチっているということなんだよね。

ホエール光一

それでも、この現代社会に未《いま》だに根付いているのは、他人に打ち勝って勝者になれるのが成功者であるという信念体系ですよね。ここの部分が根底から変わらないと、この先ずっと競争社会のままですよね。そうすると、たとえば、勝ち負けだけが評価基準であるスポーツの世界とかはどう思う?

ドクタードルフィン

たとえば、オリンピックなども競技会だから金、銀、銅、などとランキングがつけられて、当然だけれども金メダリストが一番の勝者ということになりますよね。そして、メダルを獲れなかった人は敗者になる。つまり、スポーツの世界でも負けることは悪いこと、とされている。でも、負けた人は、負けたことで学ぶことができるし、何よりも、相手を勝たせたというものすごくいい役割を演じているわけです。だから、試合に負けた人が勝った人に向かって「私は、あなたに負けました。あなたが勝ってくれて私はうれしいです。どうもありがとう。お喜びさま！」と言えるような社会になれば、社会全体がぷあっていけるんだと思いますよ。

ホエール光一

勝者が敗者に「ありがとう」と言うのではなく、敗者が勝者にそのような言葉をかけられるような社会になればすばらしいよね。

ドクタードルフィン

宇宙とは、どんな選択をしてもそこにつながれば必ずサポートが入るものなのです。

陰陽のバランスがある限り、ハッピーだけはありえない

ドクタードルフィン　あと、ガチスピ（学べば学ぶほどガチってしまうスピリチュアル）の悪いところは、なにかと「こうすれば、ハッピー、ハッピー！」と教えようとするところ。この世界は「陰陽のバランス」から成り立っているわけなので、ずっとハッピーが続く、みたいなことは、エネルギー的にありえないのです。

ホエール光一　陰と陽があるということは、上昇するか、下降するかだけ。つまり、ぷあるか、ガチるかだけなのですよね。

ドクタードルフィン　現代科学ではもう説明されていることだけれど、物質や場というものを構成する最小の単位である素粒子が誕生するときにも、プラスのエネルギーとマイナスのエネルギーの両方が同時に発生することによって生まれるんですよね。つ

まり、ポジティブがあるということは、必ずネガティブも同時に発生しているということ。

ホエール光一

陰陽のバランスだから、どちらかが絶対、ということはないのにね。そして、一度どちらかに傾くと、必ずもう片方がバランスを取ろうとする。たとえば、宝くじに当たった人が、その後の人生が悲惨なことになったりすることが多いのも同じ。

ドクタードルフィン

そう。人間の意識としては、ポジティブの側に自分の意識を置けばポジティブな自分がいて、ネガティブな意識になればネガティブな自分がいるということ。要するに、意識を置いていない方は見えていないだけであって、きちんと存在しているのです。

ホエール光一　ということは、ネガティブな意識であることを認識したのなら、それを反転させればいいだけですよね。つまり、ポジティブを選べばいいだけ。

ドクタードルフィン　おっしゃるとおりですね。

ホエール光一　地球には、「重力の法則」や「陰陽の法則」のようにさまざまな法則があります。だから我々人間は、それらを活用すればいいだけなんだよね。それに、ネガティブな体験をしたからこそ、ポジティブな体験ができる、ということでもある。

ドクタードルフィン　素粒子論からしても、両方があってこそ成立するものだからね。

ホエール光一　実は、中国に古代から伝わる儒教の基本経典でもある易の考え方もまったく同じで、この世界は陰と陽とでしか認識できないんですよ。陰陽をどのように認識するか、ということが占術になっているわけです。では、なぜ易が占いとして使えるかというと、「六十四卦《ろくじゅうしけ》（易で用いられる基本図象）」はバランスが取れているのだけれど、時空を切り取ってしまうとアンバランスが生じてくる。けれども、このアンバランスな状態を読み取ることが易になっている。ということは、逆の発想をすると、このアンバランスを修正すればいいということ。つまり、私たちの運命は決められた法則の下にいるわけではないんですよ。運命を修正することは可能なのです。

ドクタードルフィン

では、「どう修正すればいいのか？」と尋ねる人もいるでしょう。その答えは、宇宙の叡智とつながればいいだけなんですよ。宇宙の叡智こそ究極の調和を知っているので勝手に調整してくれる。自分であれこれ必死になる必要はないということ。

ホエール光一　言ってみれば、自分でやろうとすることが「ガチ」で、宇宙にゆだねることが「ぷあ」なんだね。

ドクタードルフィン　でも、「ぷあ」は1回根付いたら意外と、ずっと安定できるんですよ。時間も、空間もいらない。ただ、自分だけがあればいいのだから。ちなみに、先日開催した私のセミナーで参加者の方から、「幸せってどういうことでしょうか？」と聞かれたんですね。そこで私は、次のように逆に聞いてみたわけです。

「想像してみてください。今、あなたは朝、起きたばかりです。あたりを見渡すと、快適に住んでいる家がある。いつもの家族がいる。そして、美味しい朝ごはんもある。でももし、朝、目覚めたらそこは真っ暗な空間だったらどうでしょうか。周囲には、あなた以外の生命体は誰もいない。あなたは、その空間で、ただぷあぷあ浮いているだけ。そんな自分を幸せだと思えますか？　それでいいと思えますか？」と聞いてみたのです。

当然ですが、その状態を幸せだと思うことは誰にとっても難しいはず。では、そんなことを想像した後に、再び今の状態を振り返ってみてほしいのです。朝起きたら自分の家があって、愛する家族がいて、朝ごはんがある。そんな何気ない普通の現実こそが、「それでいいのだ」と思えるはずです。こんな質問から入っていくと、幸せというものを改めて身近に感じてもらえたりするんだよね。

ホエール光一　幸せも不幸も自分の受け取り方次第だからね。

悲惨な事件にもそこに学びがある

ドクタードルフィン

それに、ネガティブなことの受け取り方にしても、極端な話をすれば、「いじめる」と「いじめられる」とか「殺す」と「殺される」という関係だって同じこと。これまでのガチっている集合意識にある常識と固定観念からすると、いじめることや殺すこと＝悪いということですね。つまり、いじめられる、殺される方は、被害者になるのでかわいそう、となります。

でも、宇宙のバランスを取るためには両方のバランスが必要であり、各々に役割があるのです。だから、お互いが「ありがとう。お喜びさま」でないといけない。宇宙の均衡の中においては、殺された方も「私は、殺されることからいろいろと学んだわ。そして、社会にも学ばせることができた。ありがとう」となるのです。

そして、それがたとえ突然のアクシデントのように起きたものだとしても、それだってお互いが「私たちは、何年の何月何日に、この場所でこういうシチュエーションにおいてこのイベントを行いましょう」ということを合意しているのです。この世界には合意したものしか現実に起こらないし、顕在化しないということを理解しないとね。

ホエール光一

そうですね。それに今、我々が生きている世界の罠《わな》のひとつに「比較」というものがあると思うんですよ。集合意識の中に「いい」とか「悪い」という判断がある限り、どうしても被害者と加害者が生まれてしまう。でも、エネルギーレベルでみたときには、それが起きたという事実はあっても、今の常識や集合意識が悪いと判断をしているわけだからね。

ドクタードルフィン

特に、世の中の集合意識をつくり上げているものには、マスメディアの影響がありますからね。メディアは常に「いい」「悪い」の判断をして、マス＝大衆を誘導したり、印象操作をしたりしているから。でも、本来なら我々人間は学びのために、地球という大きなステージでそれぞれが演技をしているようなもの。

地球の70億人全員が役者として、それぞれの役割を演じている。すべての人がジグソーパズルのひとつのカケラとして存在していて、全体の中で完璧な役割を演じている。そのうちのたったひとつが抜け落ちてもパズルの絵が完成しないように。また、「殺す」と「殺される」という関係があるのなら、そのイベントは当事者たちだけではなくて、周囲の人たちの学びのためでもあったりするんですよ。

ホエール光一 我々は、一人ひとりが毎日この3次元の世界でロールプレイングゲームをしているんだけれど、それに気づいていないんだよね。

ドクタードルフィン それも、簡単にはクリアすることが難しいハードルの高いゲームをしている。本当は魂レベルでは、強烈にもがきながら学べることを知って地球に来てはいるんだけれどね。

ホエール光一　でも、もし、ゲームをするのなら、やっぱり遊びながら愉しくゲームをしたいよね。

顕在意識と潜在意識と超・潜在意識

ホエール光一　あと、願望実現には定番の考え方である「潜在意識とつながる」ということについてはどうお考えですか？

ドクタードルフィン　理論的に言うなら、人間の意識を3つに分けるとわかりやすいですね。顕在意識は、生まれてから両親や学校、周囲の環境の中で教わってきた、社会ではこうあるべきという常識や知識から成る意識の部分。顕在意識の中にある情報は、すべて固定観念でガチガチになっているものばかり。

次に、潜在意識とはいわゆる私たちが集合意識と呼んでいるもので、自分以外の多次元の存在によってつくられた知識と情報を司る意識のこと。実は、スピリチュアルの世界だけでなく心理学や自己啓発、コーチングなんかでも「潜在意識につながるべき」ということを教えようとしている。でも実は、「潜在意識につながらなくてはならない」となった時点で、もうガチってしまっている。

実際には、私たちがぷあるためには、唯一、宇宙のゼロポイントから降りてきて右の松果体を通ってくる超潜在意識とつながるべきなのです。つまり、そのためには顕在意識だけでなく潜在意識さえも眠らせなくてはいけないということ。たとえば、瞑想をして潜在意識につながろうとするけれども、私から言わせれば、瞑想で潜在意識につながるより、潜在意識を眠らせてほしいのです。ただし、潜在意識はそう簡単には眠らせることはできないものなのです。

ホエール光一　それはなぜですか？

ドクタードルフィン　というのも、やはり隠れた意識のレベルでも状況を客観的に見ようとしているから。つまり、普通の人はどうしても無意識的に脳を使ってしまい、「今の自分はどうするべきか、どうなるべきか」みたいなことを潜在意識でも判断しようとしてしまうのです。だから、そんな潜在意識につながっても、上手くいかないというわけ。結局は、松果体を活性化しないとダメなんですよ。そして究極的には、今ここを生きて「これでいいんだ」と受け入れるしかない。「これでいいんだ」という状態は、高次元ＤＮＡの絡みのないクリアな状態のことであり、そうなれたときに、初めて魂が進化するわけなので。

ホエール光一　つまり、今の自分をまるっと全部受け入れるということだね。でも、それが一番できないことなんだよね。

ドクター
ドルフィン

そうなんです。たとえば、病気の人にお見舞いに行ったとしましょう。そのときに、普通の人は常識があるから当然ですが、病気の人に同情して気を遣います。そして、「つらいわね。でも、あなたなら大丈夫！」と声をかけるでしょう。でも、言われた相手は病気になるシナリオを選んできたのです。だから、「あなた、すばらしいわね。お喜びさま。そんなあなたでいてくれて、ありがとう！」という言葉を掛けてあげればいいんですよ。それを「お大事に！」とか言ってしまう。まったく、何を大事にするんですかって思うよね。

ホエール光一

潜在意識の中には、「病気は悪いものだ」という概念がしっかり根付いているからね。

ドクター
ドルフィン

このように、誰もが「いい」「悪い」というミサイルを潜在意識の中でも打ちまくっている。たとえば、「病気は悪いこと」と思った瞬間にもうダメなんですよ。

宇宙の叡智をブロックしてしまう。

ホエール光一

自分の現実を変えるのにエネルギーを動かすためには、まず、その状態を「受け入れること」が大事ですからね。ガチってしまうと、自分の直面している問題を受け入れないからダメなんだよね。

病名は知らない方がいい

ドクタードルフィン

あと、毎日患者さんを診ているとわかるのですが、あるひとつの傾向があるのです。それは、患者さんたちは、心身に不調を覚えているので来院されるのですが、必ず私の口から具体的な病名を診断してほしいと思っている。たとえば、「私には、こうこうこういう症状があって、本当につらくて困っている。だから、自分でもいろいろとネットなんかで調べているけれど、それでも病名がはっきりしない。先生、私の病名は何ですか？」と質問してくるのです。そこで私は、「いいですか。病名を付けた時点で、あなたの病気は治りにくくなりますよ！」と答えることにしているのです。

ホエール光一

なるほど。ある特定の病気という枠の中に自分をハメようとしているんですよね。言ってみれば、あえて自分から特定の名前がついた病気というボックスの中に入ろうとするわけだ。

ドクタードルフィン

そう。でも、その症状から判断される病名を明らかにしてそのための治療を受けようとするなら、宇宙の叡智は働きません。病名なんて逆に知らない方がいいんですよ。知らない方が宇宙の叡智が入ってくる。それなのに、一生懸命自分の症状を私に伝えて、それを治してほしいとおっしゃる。だから、「私ができることは、あなたに必要なことが起きることをお手伝いするだけです。あなたの病名などにはまったく興味がないんですよ」とお伝えするのです。こんな感じで患者さんの病気に対する考え方から徹底的に壊していく、というやり方で診察を行っています。

ホエール光一

でも、そうやって患者さんが気づきを得られるのなら、それはそれですばらしいよね。病気や病名というボックスから出ることで自由になって、幸せになれるのならそれに越したことはないと思うよ。

ぷあっていることをダウジングで確認できる

ドクタードルフィン

先ほど、ぷあって生きているとエネルギーが右旋回になっているという話をしましたが、自分がぷあって生きているかどうか、つまり、右旋回で生きているかどうかはダウジングで確認することができるんですよ。実は先日、こんなことがありました。

私のドルフィン学園の生徒さんで、ガンを患っている方がいらっしゃって、その方と皆の前でワークを行ったときのことです。まず、彼女はガンを患っているわけなので、当然ですが、「いやだ！　死にたくない！」という気持ちでいっぱいです。そこで、彼女にペンデュラムを自分のその気持ちのままで回してもらうと、左にくるくる回ります。

そこで、私の方から「ガンになってよかった。私はこの状態を望んでいました。うれしいです」と言うように伝えました。もちろん、彼女の方はそんなことは言いたくありません。「いやです！」と泣いています。でも、ガンになることは彼女が決めてきたこと。まずは、そこを彼女は受け入れなくてはならないのです。でも、そう伝えても、「痛みがつらくて、そんなことは言えません！」とためらっています。そこで、「痛みがあってもいいんだ。今の自分は病気だっていいんだ」と言うように伝えました。

すると、その場でしばらくの間、彼女はためらっていましたが、少し何かが吹っ切れたのか「痛みがあってもいい。病気でもいい！」という言葉を口にしました。そうしたら、それまでずっと左に回っていたペンデュラムが急に右回りに回り出したのです。その光景を見ていた生徒さんたちが皆、感動して泣いていたんですよ。「今、すごいものを見た！」と言っていました。

ホエール光一

エネルギーが変わるときはゼロ秒で変わりますからね。ネガティブな感情や状況は受け入れて、それを「変える！」と思った時点で、実はもうそのことは起こっているんですよね。

ドクター
ドルフィン　そうなのです。彼女は自分の病気を認めた時点で宇宙のサポートが入ったのです。

ホエール光一　それにしても、ペンデュラムで自分が今、ぷあっているかどうかを確認できるのは便利ですね。

闇の力も光のために存在している

ドクター
ドルフィン　それに、病気だって自分が学ぶために選んできたシナリオであって「悪」ではない。たとえば、世の中には陰謀論ってありますね。いわゆる「闇の権力」とか「ダークフォース」といわれている世界を裏から支配している勢力のことで、言ってみれば、世の人々にとっては悪い存在として扱われている。だから、陰謀論の世界では、善の側に立つとする人々が、この悪の世界をどう排除していけばいいのかということなんかが盛んに論じられている。

ホエール光一 正義感の強い人ほど陰謀論にはハマってしまう傾向があるよね。

ドクタードルフィン でも、陰謀論が言うところの闇の権力は善を成り立たせるために存在しているのです。闇の権力とは、光である善をつくり出すために悪役を演じている集合意識のエネルギーのようなもの。だから、彼らの存在は貴重であり、なくてはならない存在でもある。でも、「悪い」としてしまうと、もうそこから学ぶことはなくなってしまう。陰謀論を悪として捉えてしまうと、自分が味わっていない不幸がそこにある、自分はまだまだましな方だ、みたいな感じで受けとめてしまうのです。

ホエール光一　それが人間の心理というものだね。でもそうだと、この世界にとっては何の解決策にもならないんですよね。

ドクタードルフィン　自分も不幸を抱えているけれど、もっと不幸な人や状況があることで人間は安心するという傾向がありますからね。陰謀論に惹《ひ》かれてしまう人の心理というかね。言ってみれば、そういう人たちは、鳥カゴの中にずっといたいタイプですね。

ホエール光一　そこに、救いはないですね。

ドクタードルフィン　つまり、いつまでたってもぷあれないということ。今の時代に必要なのは、悪という存在意義さえも皆で共有することが大事なんですよ。悪を抹消して、善だけにしようとするのは宇宙の本質ではないのだから。究極的なことを言えば、ネガティブだって善。だから、「ネガティブもありがとう、お喜びさま」ということ。

ホエール光一　ここの部分がポジティブシンキングのみを勧める自己啓発の教えの罠ですね。

ドクタードルフィン　そう。だから、ネガティブも受け入れる。ネガティブカモーン！ってね（笑）。

ホエール光一　私の方ではそんなネガティブな要素のことを「ノイズ」と呼んでいるけれど、自分にノイズが起きたときこそ、実はチャンスのときなんだよね。

生が祝福なら、死も祝福

ドクター
ドルフィン

あと、医師として、やはりどうしても触れておきたいのは「死」というものについて。これは、これまで医師として多くの患者さんを診てきた自分だからこそ、この問題についてコメントできる部分でもあると思うのです。とにかく「死」は、地球人にとって最も重いテーマであり、「死ぬ」ということが怖くてしょうがないのだから。

ホエール光一

死こそ、この地球で人類がはじまって以来の永遠のテーマでもあるからね。

ドクター
ドルフィン

我々人間にとって、この身体を失くすということは、ものすごく怖いことというイメージがしっかり集合意識の中にまで浸透しきってしまっている。だから、誰もが死に直面したときにもがくのですよ。たとえ、もし、その人が見えない世界や魂の存在を信じられる人であったとしても、「死を受け入れる」とか「安らかに逝く」というような考え方ができるようになるのがせいぜいだったりします。

でも、本来ならば、死ぬことさえも「お喜びさま」にまでもっていかないとダメなわけです。死にゆく本人も、家族や周囲の人も同じように「お喜びさま」の意識で共鳴しない限り救われない。もちろん、残される人たちも悲しみを体験することで、「悲しまなくていい」ということが初めて学習できるので、このような体験をすることは必要かもしれない。でも、考えてみてください。死とは、この身体を捨てられるということでもあるのです。だから、死はセレブレーションであってもいいと思うわけです。何しろ、我々地球人は、肉体というものがあるからこそ、こんなにもがいているわけなのだから。

ホエール光一

これは、医師であるドクタードルフィンだからこそ語れる分野ですね。ちなみに、70年代のニューエイジやヒッピーのムーブメントに影響を与えた作家、カルロス・カスタネダがヤキ・インディアンの呪術師のドン・ファンから教わった言葉のひとつに、「西洋人は死を敵だと思っている。けれども、それは間違いである。死は仲間であり友だちだ」という名言もありますからね。それなのに、死は悲しいことであったり、負けることであったりなど忌み嫌われてしまっている。

ドクタードルフィン　おっしゃるとおりです。

ホエール光一　でも、人間はいつ死ぬかわからないからこそ、一瞬一瞬が祝福に変わるべきだと思うんですよね。

ドクタードルフィン　死が祝福なら、生ももちろん祝福になる。

ホエール光一　昔の日本の侍は、常に死というものを意識して生きていたので、常にその瞬間瞬間に生きる、という生き方ができていたんですよ。その発想を今の現代人が持てたときに、初めて「命」というものが輝くんだと思うな。

ドクタードルフィン

そのとおりですね。生も死も善も悪も、すべての今、ここが祝福であるということ。それが「ぷあ」なんですよね。実際に、人間は死を迎えると、その人の持っていた固有の振動数だけが残ることになる。そして、当然ですが松果体も消滅してしまう。だから、宇宙の叡智を身体で受け取る変換器もなくなるわけです。ということは、逆に自由に羽ばたいてパラレル宇宙に存在するシャボン玉を選べるのです。ただし、この世に執着や後悔があると重力に引っ張られてしまって完全に自由にはなれない。だからこそ、今ここの人生を思い切り「お喜びさま」として生きていないとダメなのです。そんな生き方ができた人だけが、死んだ後で身体がなくなったときに、この地球から自由に飛び立てるのですよ。

ホエール光一

チベット密教においても、死は終わりではないですからね。チベット密教では、人は死ぬと魂は49日間の「バルド（生と死の中間領域）」の旅をして次の人生に転生していくとされている。ちなみに、チベットではお坊さん＝お医者さんでもあるのだけれど、死んだ人が迷うことなく解脱できるように、と死者に向かってお坊さんが読み上げるのがお経なんだよね。

ドクタードルフィン

魂の次の転生のためにも、生きているこの瞬間にお喜びさまで生きるべきですね。実は、そんなことを言う私自身の魂は、今回で地球の最終章を迎えていると設定しています。この地球における卒業式であり、グランドフィナーレを迎えるために、今回は、ぷあることを学びに来たのです。この次はどこかの星か、あるいは新しい地球へ行くのかな、という感じですね。

ホエール光一

ドクタードルフィンは、また別の星や別の地球でもぷあることを皆に伝えるんだろうね。

地球の非常識は宇宙の常識

ホエール光一　先ほど、「殺す」「殺される」という究極の関係性についてのお話があったけれども、そうすると「自殺」については、どうお考えですか？

ドクタードルフィン　地球の倫理観で言えば、親からもらった命を絶つことは当然ながらあってはならないこと。だから人間にとって自殺とは、絶対に決して許されるべきものではないという意識を我々は持っています。そして、自殺した魂が今生を終えるときに自分のエネルギーを上げるグレードも低くなります。ただ、それでもその魂は上へ上がれることになる。なぜかと言うと、自分が自殺をすることで、死というものを周囲に見せつけることで人々を学ばせるから。自分という〝命の幕引き〟を周囲に知らせることで、周りの人間はそこからいろいろなことを学ぶことができる。地球人にとっては、どんな体験であれ、〝すべての体験〟がすべての人のエネルギーレベルを上げることに寄与するのです。

ホエール光一

それがわかれば地球人はもっとラクになれるのですけれどね。そして、もともと自殺することさえもなくなるはずなのにね。

ドクタードルフィン

そうなんです。でも、地球人の中には、宗教観にもよるけれど「自殺をしたら地獄に落ちる」と信じている人もいる。でも、どんな体験であれ、すべてが「お喜びさま」なのです。それで、自分自身の身体存在はなくなっても、周囲が学べば魂の意識レベルは上がるのです。「殺される人」に役割があるように、「自殺する人」にも役割がある。善と悪がないのと同じです。どんな形であれ、魂は「お喜びさま」しか選んでいないのに、「かわいそう」とか「ひどいことをする」となってしまう。それは今の社会ではとてもまっとうな表現ではあるのだけれどね……。

ホエール光一

確かに。それに、究極の表現なのかもしれないけれど、一人の人が自らの命を絶つということは、ある意味、その人が「自分のことに気づいてほしい」という魂からの叫びであったりする場合もありますからね。

ドクタードルフィン

こういった考え方は、普通の人には衝撃的すぎて受け入れがたいのかもしれないけれど、新しい次元の考え方なら常識でもあったりするのです。いわば、地球の非常識は高次元の常識ということ。しかし、死や自殺などセンシティブなトピックに関してこんなふうに私の意見を述べると、「そんな言い方はないだろう！」と怒りを覚えるような人もいるかもしれないね。でも、それでいいのです。今の私は、この社会の集合意識が理解できないようなことを言っているのですから。「いいこと書いてあるな！」というようなことを言っても、何もその人には残らないですからね。

ホエール光一

ドクタードルフィンのそこまでの覚悟はすごいね。これまでの集合意識をひっくり返そうとしているわけだから。今の時代は、すべての文明が一夜にして崩壊したアトランティス文明の最後のような、すべての概念が変わる時代を迎えているのかもしれないね。

ドクタードルフィン

たとえば、本を読むにしても、「この本、面白いね！」だと人間の進化には役立ちません。SNSでもみんなから「いいね！」がつくより、「何だこれは？」というリアクションの方がいいのです。実は、私も当初は健康本を出し、その後に新しい生き方についての本を出したときにはネガティブな反応も多かったのが事実。でも、私はちっとも気にしなかった。これは、きちんと結果を出している医師として語っていることなのだから。そうしたら、次々とオファーもいただくようになり、出版社や読者の皆さんが高次元エネルギーや松果体により注目してくださるようになった。こうして、私の考え方も少しずつ世の中に受け入れられるようになったのです。

ホエール光一

それこそ、非常識なことが常識に変わったといういい事例ですね。

自殺した霊には〝ゆるし〟を与えることが浄霊

ホエール光一

先ほど、自殺した人の霊も周囲に影響を与えることで意識レベルが上がるというお話があったけれども、「では、霊というものは存在しているのか？」と聞かれたら、私は確実に霊は存在していると答えますね。実はかつて、こんなことがありましたが……。あるリーディングをしていたときに、自殺をした人の霊とコンタクトを取ったことがありました。

ドクタードルフィン　どんな感じでしたか？

ホエール光一　その霊は、「自分は死ななきゃよかった！」と死んだことをとても後悔していたのです。でも、それはその霊の個人的な考え方でしかないわけだよね。当然だけれども、命を絶ってしまったことは悪いことだったと後悔している。でも、もうそうなってしまったのなら仕方がないというもの。だから、こちらから伝えてあげられることは、「もう、そうなってしまったのなら、それでいいんだよ」ということ。それが、いわば〝浄霊〟というものなのです。

ドクタードルフィン　そうですね。それにしても、死んでもガチっている人も多いんですよね。霊になってまでガチっていたら本当にもう厳しい。どんな死も、自分の魂が望んだもの。

ホエール光一

そう。そんなふうに、死んだ後にガチったままの魂が世間で言われている「地縛霊」とかになってしまったりするわけですけれどね。そうなると、この地球で新しく転生することも難しくなる。だから、私がそういうケースに出会ったときには、「もう、そこにはりついていなくてもいいんだよ。あなたはもう大丈夫！」ということを伝えるだけ。つまり、それでいいんだという〝ゆるし〟を与えるのです。そうすると、亡くなってもガチったままでその場に留まっていた霊も次の次元に行けるからね。でも、世の中的に浄霊というといろいろなことを行う人もいるけれども、私にとっての浄霊とは、そのような霊をただ、「送る」だけですね。

ドクタードルフィン

なるほどね。霊だって「これでよかったんだ」と言われることで救われるんですよね。要するに、死ぬこともその人にとっては自分の選択だったのだから。地球人にとってあらゆるすべての体験は、それがどんなものであれ最高傑作のエンターテイメントなのです。それなのに、いちいち「○○しなければよかった」となってしまうからね。

ホエール光一

いわゆる「ボックス」の考え方は、実は、生きていても死んでも同じなんですよね。死んでも執着があればボックスから離れることはできない。特に自殺とは、本当はものすごく生きたいからこそ死んでしまうという、この世界への執着でもありますからね。

ドクタードルフィン

とにかく、まずすべての前に「自殺」という言葉自体が宇宙からのサポートを受けない言葉なんですよ。だって、「自分を殺す」という意味を表す言葉なわけだから。これは、自然死は善であり、それ以外は悪という概念に基づいたところから生まれている言葉なわけですからね。特に地球人は死が絡むとなにかと極端な考え方をしがちだけれど、死ぬことさえも魂の選択でジグソーパズルのひとつのピースの役割を果たしているだけなんだけれどもね。だから、自殺というイベントが自分の周囲で起きたときには、少なくとも残された人々は「かわいそう」とか思わないであげてほしい。「かわいそう」となると、自殺した人の魂自体が上へ上がっていくことができなくなってしまうから。

極論かもしれないけれど、「自殺がセレブレーションなら、それ以外のことでセレブレーションでないものはこの世界に存在しない」ということでもあるのです。

ホエール光一

そのとおりですね。すべてのことがセレブレーションなのです。だから、どんなにつらいことがあったとしても、生きているだけでセレブレーションですね。ちなみに、私は今年になって「死を体験する」というワークショップを試みたんですね。なぜかというと、誰もが仮にでも死というものを体験してみない限り、生きることの喜びがわからないから。たとえば、「あなたが、1年後に死ぬとしたら？」という切羽詰まった状況にあると、人って意外とその瞬間から一気にぷあれるもんなんですよね。

ドクタードルフィン　わかります。多次元宇宙の自分の違う人生があるパラレル宇宙のシャボン玉にその瞬間に移れるということだね。確かに、人は死の直前になると最後の段階ではぷあっていらっしゃる方はとても多いのです。でもこちらとしては、どうせならもっと早くからぷあってほしいと思うわけだよね。

ホエール光一　本当に。もう、ただそれを選べばいいだけなのですからね。

第4章
バシャールにもの申す

バシャールの言うことは抽象的すぎる!?

ホエール光一 スピリチュアルの本といえば、バシャールはどうですか？　私は若いころから占いから神智学まであらゆる難解な本を読み漁《あさ》ってきた方だったので、バシャールの登場はとてもセンセーショナルなものだったんだよね。バシャールの本を初めて読んだときは、「え？　ワクワク？　そんなにお気楽でカジュアルなことでいいの？」という意味では大きな衝撃を受けたほどだったから。その頃は、自分でも生き方を模索していた悩み多き時代でしたからね。

ドクタードルフィン 本当にそうでしたね。基本的に、バシャールのいいところは、「こうしなければならない」とか「ああしなさい」と言わないところ。また、「これは良くて、これは悪い」とも言わないところですね。この中立さこそが、まさに宇宙の叡智とつながるエネルギーそのものなのです。だから、バシャールの言うことは、ずっと安定していますね。

ホエール光一

80年代後半にバシャールがこの世界に登場してすでに約30年になりますが、バシャールの言うことはまったくブレませんもんね。ただ私は、基本的に完全に100％ピュアなチャネリングはありえないと思っているんです。やはり、どんな存在をチャネリングしようとも、チャネルする人のフィルターが必ず入ることになるから。

だからある程度、バシャールに関しても、バシャールをチャネルするダリル・アンカという人のフィルターがかかっている部分も多少あるかと思います。彼はアメリカ人だから、日本人の感性とは違う西洋人特有の感覚でバシャールのエネルギーを受け取っている部分もあると思うので、それらも確実に伝えられるメッセージには影響していると思います。それでも、こんなに長期にわたって活動をしながら、基本的な部分はまったくブレていないのはすごいと思うね。

ドクタードルフィン

そうですね。ただし、恐れ多いかもしれないけれど、もし、バシャールにひとつ注文をつけるとしたら、バシャールはどうしても質問に対して抽象的に答える傾向がありますよね。やはり、地球人は具体的な回答でないとわかりづらいところもある。だから、バシャールの言うことを理解しようとしても、不完全燃焼になってしまうこともあったりする。

とはいっても、もし、バシャールが具体的な回答をすると、地球人の場合はその答えをまた「良い、悪い」という尺度や観点で捉えてしまうはずです。そうなると、どうしても地球人はガチってしまうことになる。だから、そういう意味においては、バシャールは地球人に向けて今の抽象的な言い方に加えて、「こういうやり方もあるよ」とか「こうなりたいなら、こういう選択もあるよ」というふうにアドバイスをしてくれたら、もっとわかりやすいのかなと思いますね。

ホエール光一

なるほど。確かに、今のような抽象的な回答だとわかりづらいこともあるし、いろいろな意味に受け取られてしまうこともあるかもしれない。でも逆に、具体的になりすぎるとこちらが善悪で判断してしまうので、ガチってしまうわけですね。

ドクタードルフィン

実は抽象的な概念は、より宇宙の叡智には近いのですけれどね。つまり、バシャールの言っていることは、宇宙の大本の概念なんですよね。

ホエール光一

何しろまさに、宇宙存在そのものですからね（笑）。あと、私がバシャールの特徴を挙げるなら、バシャールにはテクニックがないんですよね。もし、バシャールからの教えの中に地球人が好きなテクニックという手法があればバシャールの宇宙視点の考え方も、もう少し地球人にも理解しやすいのかなと思います。

ドクター
ドルフィン

確かにそれは言えるかもしれないね。やっぱり地球人は、何かとテクニックを求めてしまうからね。地球人が成長するためには、ある程度はプロセスも必要だということ。そうでないと、せっかくバシャールの言おうとしていることも上手く伝わらなくなってしまうんですよね。でも究極的には、ゴールもプロセスもない方が、進化するのですが。

ワクワクは「Doing《ドゥーイング》」で、ぷあぷあは「Being《ビーイング》」

ホエール光一

だから、僕はテクニックを作りたかったので作ったんですよ。自分で行うメソッド的な部分がないと人間は変われなかったりするから。あと、バシャールは「ワクワクすることをすればいい」という「アクション」を提案しますよね。つまり、

「Doing《ドゥーイング》」という意味での「アクションセラピー」のようなもの。でも、「ぷある」ことは「状態」なので「Being《ビーイング》」になる。だから、ぷあることは「ビーイングセラピー」でもあるんですね。

ドクタードルフィン　そう言えるでしょうね。実は、「ワクワクする」ためには、自分にとってワクワクする対象が何か必要です。たとえば、「この人が好き」とか「この趣味に凝っている」とか、「これを食べたい！」とかワクワクする対象ですね。でも、その対象次第では逆にワクワクしたことで不安定になってしまう。

ホエール光一　それに、ワクワクの部分は変わらなくても、周囲の変化によってそのワクワク自体も影響を受けてきますね。

ドクタードルフィン　あと、ワクワクには時間軸や空間の枠も発生します。一方で、ぷある方は自分だけがいればいいのです。時間軸や空間の枠が必要になってくるワクワクは、実は、「今ここ」のエネルギーにはならないのです。「今ここ」になれることで、松果体の宇宙へのポータルが開くのですから。

ホエール光一

確かに。でも、本来なら、地球上にある世界中のすべての宗教も、かつては「ビーイング」であることを説いてきたはずなんですけれどね。組織になると、ルールやシステムに固められてガチガチになってしまった。

ドクタードルフィン

宗教も最初は「ビーイング」を目指していたんですよ。でも、人々をコントロールするためには「ドゥーイング」になってしまったんですね。

ホエール光一

自分を認識するのは、自分しかいないのです。だから、自分が人生の創造主でありクリエイターであるべきなんですよね。だから、本来なら対象や時間軸・空間枠に囚われないでビーイングだけであるべきではあるのだけれども、そこが地球人の難しいところだね。

ドクタードルフィン

あと、バシャールは実はとても高尚なことを言っているのに、受け取る方の地球人は肝心な部分をつかめずに、ワクワクということしか届いていない人もいるような気がしますね。だから、「ワクワクすれば成功するんだ!」というような受け取り方になってしまった。そして、いつの間にか、「バシャール＝ワクワク」という図式になった。気づけば、スピリチュアルや自己啓発の書籍などは、ワクワクという言葉が氾濫してしまったのです。

ホエール光一

そのとおりですね。「ワクワク」という言葉を使っていれば、とりあえず間違いはない、みたいになっているからね。逆にワクワクという言葉があふれすぎて、その価値がわからなくなってしまっている。あと、ワクワクに関しても、受け取り方の解釈の違いが見られますね。人によっては、ワクワクすること以外はもうやらなくてもいい、というような感じにもなってしまった。たとえば、ある人は会社勤めはワクワクしないからと後先考えずに会社を辞めてしまった。

そして、現実の世界では仕事を辞めたものだから家賃が払えなくなってしまった、みたいな展開があったりしますね。

ドクタードルフィン

わかります。それが、いわゆる「バシャールあるある」ですね（笑）。実は、アメリカのバシャールのセミナーでも同じような質問がよく挙がっていたんですよ。日本人もアメリカ人も同じなんですよね。「自分は今の会社にワクワクしないから辞めてもいいのでしょうか」みたいな質問。そんなときバシャールは、「会社を辞めるのなら、自分が心の底から本当に大丈夫だと思えるときにそうすべき」みたいな答え方をしていましたね。

でも、質問をしたその本人の方は、会社を辞めた後の準備ができていないから現実の世界で困ってしまう。もちろん、バシャールの方は、次の仕事のこととか、お金のこととか、そういった目に見える具体的な対策や準備のことを言っているのではありません。それよりも、目には見えない意識の部分を整えてから行動を取るようにと言っているのです。けれども、地球人は、そんなときは、まず手っ取り早くアクションの方を先にとってしまって意識の方がついていかないことも多い。だから結局、上手くいかなかったりするんですよ。

宇宙最強の父、天才バカボンパパはバシャールを超えていた!?

ホエール光一

確かに。「え？　ワクワクした方を選んだのに、もっと悪い方向へ行っている」みたいな感じになってしまうんだよね。でも、私も個人的にもバシャールにはとても影響を受けた一人なんですよね。だからこそ、バシャールに地球人のためにはこんな言い方ができれば、というリクエストができるなら、やはり、「今を受け入れなさい」ということと「これでいいのだ」ということをバシャールなりに語ってほしいなと。なぜならば、今を受け入れることからすべてがはじまるわけだからね。そうでないと、バシャールが語るどんなにすばらしいことも、受け取る側の中には入っていかないのです。

ドクタードルフィン

ということは、「これでいいのだ！」と言い切るバカボンパパの言葉はバシャールのワクワクをも凌駕《りょうが》するというわけですね。

ホエール光一

まさに、バカボンパパは宇宙最強の父ですよ。だって、「あなたは、つらいときにワクワクできますか？」と問われたら、それはやはり無理だというもの。バカボンの作者である赤塚不二夫は、そんなこともすべて理解していたのですかね〜（笑）。バカボンが流行《はや》っていた当時は、この言葉の偉大さに気づきませんでしたよ。

ドクタードルフィン

「これでいいのだ！」は実に振動数の高い言葉です。日本もまだ昭和というガチガチの時代だったから、「これでいいのだ！」という言葉の偉大さに誰もまだ気づかなかったんでしょうね。まさに時代を超えるほどの驚異的なマントラですよ。この言葉にすべてのヒントが隠されていたんですからね。

ホエール光一

でも、日本国民はテレビでバカボンという漫画を見て、皆大笑いしていたんだよね。

ドクタードルフィン

それが、まさにお喜びさま、ということ。でも、「これでいい」というのは「こんなものでいい、これくらいでいい」という意味ではなく、「これしかない」「これが最高」という意味での「これでいいのだ！」なんだよね。そこをぜひ勘違いしないでもらいたいですね。自分が選んだ現実は、いつも自分にとって最高のものを選んでいるということです。

ホエール光一

そうですね。きちんとその意味を理解した上で受け取ってほしいね。それにしても、我々日本人の脳裏には、昭和の時代からこの言葉がサブリミナルに刷り込まれていたんだね。それに、なんとこの7月から18年ぶりにTVで天才バカボンのアニメの番組が復活したんだよ。これも何かのサインなのかもしれないね。でも、バシャールがワクワクということを伝えはじめて以降、すべてのスピリチュアル系から自己啓発までが一斉にワクワクを訴求しはじめた、という意味においては、バシャールという存在は、やはりそれだけのインパクトはあったということだよね。

ドクタードルフィン

それは言えますね。ちなみに、私が最初にバシャールと出会ったのはアメリカにいた頃ですが、まさに一番ガチっていた時代でした。日本で現代医学を10年やった後に、アメリカでカイロプラクティックの大学を最優秀の成績で卒業しても、それでも自分の進むべき道が見えてこなかった暗黒時代です。そんな自分だったから、たとえ日本に戻っても異端児になってしまう。だから、戻る場所がない。お金もない。ビジョンもないという散々な日々を送っていた。この私が自分のことを世界で一番みじめな整形外科医だとさえ思っていた時代があったのです。

ホエール光一　今のドクタードルフィンからは、まったく考えられませんね。

ドクタードルフィン　そんなときにセドナという場所に出会ったわけです。そして、セドナでさまざまなチャネラーやヒーラーたちと出会い、アセンディッドマスターの教えやホピ族のインディアンの教えに触れたときにとても新鮮だったんですね。そして、そこで同じ時期に書籍でバシャールにも出会った。実は、私がバシャールに生で触れたのは、セドナでの公開チャネリングなのです。ダリル・アンカが「この会場の上空に、スペースシップが来ている」、みたいなことを言っていてそれこそワクワクしたのを憶えていますね。

ホエール光一　ドクタードルフィンが自分の将来を大きく変える時期にバシャールに出会ったのも、また意味があるんだろうね。

そうだと思います。そして、ちょうどその頃から、これまで学んできた知識や体験とセドナでの学びが融合してひとつになりはじめたという感じ。そのときに、ようやくぷあるという宇宙の叡智を感じることができるようになったのです。

そのきっかけになったのは、ある日、セドナから帰宅してフェニックスの自宅で寝ているとき。明け方の4時ごろに、夢と現実の狭間の中で、いつも枕元に置いている母親からもらって大切にしている黄金の観音様が倒れていた。そこで、あわてて観音様を立てた瞬間に、突然、第3の目のあたり、つまり、脳の中心にある松果体のあたりをピストルでズドン！と撃ちぬかれたような衝撃を受けたのです。そして、私の身体は、その衝撃でベッドの上からドーン！と吹き飛ばされてしまった！　あまりのことに、しばらく首がむち打ち状態になったほどだったんですよ。

ホエール光一　それはすごい体験だね。でも、それをきっかけに、第3の目、つまり松果体のポータルが開いたんでしょうね。

ドクタードルフィン　そうなのです。そして、その出来事をきっかけに、地球上にない高次元の知識や情報を受け取るときは、自分の松果体の真ん中がジーンと震えて振動するようになりはじめました。そして、情報を受け取り終わったら、振動は止むようになったのです。

ワクワクだけだと宇宙の叡智は入らない⁉

ドクタードルフィン　あと、今だからこそ気づけたことですが、我々地球人が宇宙の叡智につながるという観点から考えると、バシャールのワクワクは、地球の叡智とつながるのにはいいと思うけれども、宇宙の叡智にはつながりにくい、とも言えるのです。

やはり、地球人としては両方につながらなくてはいけないと思うのです。

ホエール光一　それは、どういうことですか？

ドクタードルフィン　実はこれは、私が分析してきたことですが、実は、ワクワクというのは進化せずにその状態で楽しむだけ、ということでもあるのです。基本的に、集合意識のエネルギーは右回りで内側に入ってきて、地球の中心ではじかれて、左回りで外側に出ていく。そのときに、ワクワクという振動の刺激が直径の大きさを増していくので、どんどんそのチカラはパワーアップしていくことになる。つまり、人間の魂の振動エネルギーがパワーアップしていく、ということでもあるんですね。そうすると、円の直径が大きくなるので、より宇宙の叡智は入りやすくなるのです。

ホエール光一　理論的にもそういうことになりますね。

ドクタードルフィン　でも、ワクワクの場合は、直接、宇宙の叡智を取り込むことは、難しい。というのも、集合意識の大螺旋が起きても、振動数の直径を大きくしてグラウンディングすることがワクワクということなのだから。つまり、同じ振動数で旋回することになるので、進化はできないのです。やはり、地球人が進化するためには、自分たちの振動数が上がっていかなくてはいけないのです。要するに、宇宙の叡智とつながって、ぷあるということは振動数が上がるということなのだから。これをバシャールに伝えたら、きっと正しいと言ってくれるんじゃないかなと思うんですよね。

ワクワクとぷあぷあのエネルギーの違い

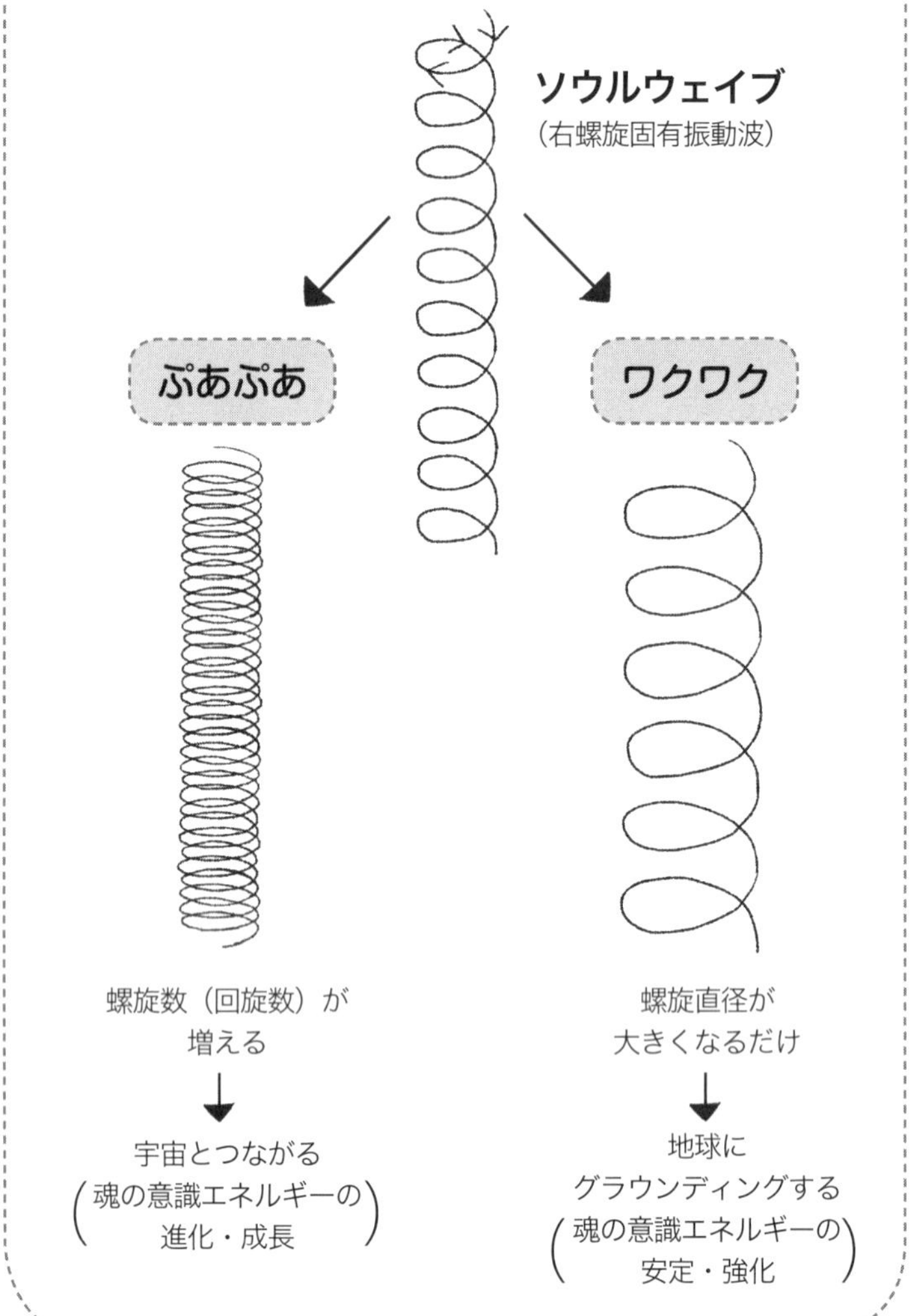

ホエール光一　それは、ぜひバシャールに直接、伝えてもらいたいね。要するに、振動数が上がるワクワクが可能になればいいんですよね。

ドクタードルフィン　そういうことです。でもバシャールとなら意見を闘わせて議論するというよりは、同じ宇宙の存在同士、愉しみながらくすぐり合いたいね（笑）。あと、昨年の11月あたりからバシャールのエネルギーが変わってきているように思えるんですよね。だから、これから新しいバシャールの一面が見られるかもしれない。

ホエール光一　バシャールには、ぜひ、ワクワクに次ぐ新たなムーブメントを起こしてもらいたいね。

ドクタードルフィン　今、ふっと降りてきたんだけれども、惑星エササニからのバシャールに対して、シリウスの集合意識の存在なら、「プアリー」っていう名前かな。バシャールが

「ワクワク！」なら、プアリーは「ＰＵＡＰＵＡ、これでいいのだ、ディスイズイット（This is it）！」と言って対話してほしい。ちなみに、高次元シリウスから見た地球はピンク色なんですよ。ピンクはぷあぷあの色でもあるんですよ。そして、ピンク色の波動がもっと上がるとピンクゴールドになるんです。だから、地球人たちがぷあぷあしてくれれば、宇宙から見た地球は、ピンクゴールドに光っているはずですよ。

宇宙から地球を見た人が「地球は青かった」という名言がありましたが、「地球はピンクゴールドだった」というのもサイケデリックでいいね。

第5章
神＝ハートにつながるテクニック

神性とつながる3つの「直霊《なほひ》」のテクニック

ドクタードルフィン　ところで、私も光一さんもエネルギーワークをやっているわけですが、光一さんの行われているエネルギーワークについて、改めて詳しく教えていただけますか？

ホエール光一　はい。私のエネルギーワークというのは、誰もが自分でできるセルフのエネルギーワークを基本にしています。私がその人に対してエネルギーワークを行わなくても、自分でそれを行えるのがベストだと考えています。誰もが皆、自分の人生に望んでいる変化を起こしたいと思っているのですが、それが思うとおりにいかないのですよね。そこで、「自分が決めた人生を幸せに生きる」と決めたときに、それをサポートしてくれるテクニックを開発したのです。それが「なほひゆい」、そして「なほひふり」というテクニックであり、最近、「なほひかへ」

という新しいテクニックを編み出したところです。

ドクタードルフィン

地球人は、テクニックがあってこそ自分を変容させることができる部分もありますからね。

ホエール光一

そうなんです。まず、すべてのテクニックについている「なほひ」という言葉だけれども、この言葉は漢字にすると「直霊《なほひ》」となり、古神道にある「一霊四《いちれいし》魂《こん》」の考え方からきているものです。「一霊四魂」とは、人の魂は、天、つまり神とつながる直霊と「荒魂《あらみたま》」「和魂《にぎみたま》」「幸魂《さきみたま》」「奇魂《くしみたま》」という4つの魂から成り立っている、というもの。また、神道では私たちは皆、神様の分霊であるとされています。つまり、神様と私たち人間はひとつであり、人間の中にも神様と同じ神性が宿っている、という考え方を前提としています。

ドクタードルフィン

つまり、テクニックで自分の中の神性とのつながりを思い出し、それらを活用していくというものですね。

自分の思い込みをクリアリングして神性とつながる「なほひゆい」

ホエール光一　はい。まず、「なほひゆい」の「ゆい」とは「結」と書きますが、「なほひゆい」は自分の中にある思い込みや信念体系をクリアリングして、自分の中の神性とつながり、自身のエネルギーを活性化していく方法で、そのステップ*は次のとおりです。

①クリアリングしたい思考や感情のエネルギーの場所を身体の中で特定する。
②それがどのようなエネルギーか特定する。
③それを身体から分離させる。

④分離させたエネルギーを変容させる。
⑤変容させたエネルギーを身体に戻す。

これは、イメージを用いながら行うテクニックですね。たとえば、①で、不快なエネルギーが肩の部分にあると特定したら、次に②そのエネルギーがどのようなものであるかをイメージする。色や手触り、温かさ、冷たさ、大きさなど特定したら、たとえば、そのエネルギーに「ネガティブちゃん」などと名前をつけます。そして、それを③捨てるという意志のもとで、身体の末端までずらしていき、身体から離して自分の手の中にそのエネルギーを入れます。そして、それをポジティブなエネルギーに遊びながら変えていきます。たとえば、黒くてザラザラして重いエネルギーだったら、それを軽くて金色でキラキラした心地よいエネルギーに変えたりとかね。最後に、そのエネルギーを元の位置に戻すか、または、自分のハート（胸）に戻していきます。そして、身体の中が〝いい感じ〟になったことを確認します。

＊これは「なほひゆい」のひとつのバージョンです。

ドクタードルフィン　この世界のすべてはエネルギーなので、イメージの力で自分を変容させていくのですね。

自分の思い込みを望むものに書き換える「なほひふり」

ホエール光一　はい、そうです。次に「なほひふり」の「ふり」とは、自分の中にある思い込みや信念体系を、自分が望むものに書き換えるテクニックで次のような流れで行います。

①セルフ筋肉反射テスト*を行う。
②セットアップする。
③神性の活性化と情報の書き換えを行う。

④セルフ筋肉反射テストで確認をする。

「なほひふり」ではワークの前後に筋肉反射テストを行うことで、実際に「なほひふり」の効果が出ているかどうかを確かめることができます。まず、①のセルフで行う筋肉反射テストで、「私は男性です」などの簡単な言葉で筋肉反射が正しく働くかどうかをテストして潜在意識の反応を確かめておきます。次に、自分が実現したいことをアファメーションとしてフレーズにします。

このとき、アファメーションの言葉を白い紙にも書いておいてください。たとえば、「私は自分のことが好きです」など肯定的な言葉で筋肉反射テストを行い、「自分のことが好きでない」という結果になったら、②のセットアップで、自分の思い込みを認めて、新しい選択をするための準備を行います。おすすめなのは、両手の空手チョップのポイントを軽く叩き合わせながら「私は自分のことを好きで

＊セルフ筋肉テストの方法はＰ１６０を参照。

ないと思っている。けれども、私は自分を好きになることを選びます」と言いながら、現状を認めて、目指す状態を宣言すること。この動作で経絡の流れを促進して、深いエネルギーレベルでプログラムを書き換える準備が整います。

ドクタードルフィン

「選ぶ」というのがいいね。地球人が最も苦手とするのは選ぶということですからね。

ホエール光一

そうなんですよ。次にいよいよ③で、自分の中に新しい情報を書き込んでいきます。先ほど書いておいた白い紙のアファメーションを見ながら、右手の親指と人差し指で、左手の親指から小指までを順番に指の爪の両側を挟むように触れていきます。このとき、必ず親指からはじめること。というのも、指先は「気の出入り口」といわれている場所でもあり、脳と直結しているので松果体の活性化にもつながるのです。

ドクタードルフィン

松果体が活性化してくるとシリコンホールがどんどん大きくなるのでポータルが開くんですよ。だから、多次元パラレル宇宙が同時に存在している場所を選んでそこに行けるのです。

ホエール光一

そのとおりですね。また、左手で行う理由は、左手はエネルギーを取り込み、右手からエネルギーを出していくことから左手で行います。これにより、エネルギーがメビウスの輪のように8の形で回転します。最後に、④で再び筋肉反射テストを行い、アファメーションをしてみて、答えがイエスになるかどうか試してみてください。この確認パートは、変わったという「印」を残すためにも重要な締めになります。

ドクタードルフィン

このワークでも、多次元パラレル宇宙の中で同時に存在している場所を選んでそこに行けるのですね。

新テクニック「なほひかへ」は行者になれるワザ

ホエール光一　そうです。ただし、認識できるのはやはり「今ここ」でしかないということ。

私はドクターではないけれども、ドクタードルフィンとも同じことに気づいて

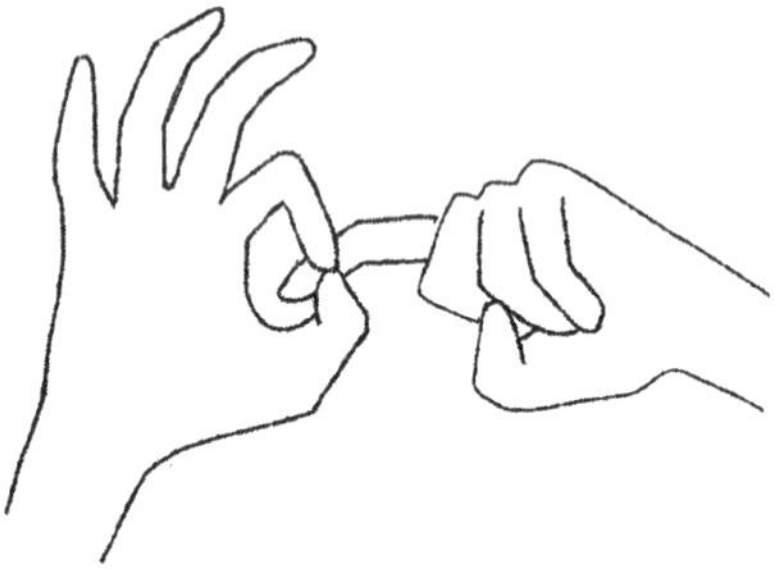

セルフ筋肉反射テストの方法

親指と人差し指で輪を作り（左右どちらの手でもＯＫ）、もう片方の手の人差し指を輪に引っ掛けて引っ張る。潜在意識で答えが「イエス」の場合は、輪に引っ掛けた指は外れない。一方で、潜在意識が「ノー」の場合は、筋肉が弱くなっているために、指が外れる。

いたことがあります。それは、「すべてのものはエネルギーから成っていて、エネルギーの方から常に先に動く。けれども、人間は重たいエネルギーを持っている身体に左右されてしまう」ということ。

だから、身体を使う「なほひふり」も私たちには有効なのです。そして、新しいテクニック「なほひかへ」はネガティブなエネルギーを自分の中に入れないというワーク。これは、自分でネガティブを認識したらそれを身体で感じてポジティブなエネルギーに変換させるというもの。実は、ネガティブなものをポジティブに変換するときには指示が必要です。この指示を誰がやるかというと、松果体がやるんですね。ハートと松果体が共鳴することで、変容が起きるのです。

ドクタードルフィン　これもつまり「変態の術」、つまり、ヘンタイの術でもあるということだ。

ホエール光一

そうです。一瞬で変われるのだから。ちなみに、この考え方は行者が行う「護摩焚き」のようなものです。これは紀元前から行われていたヴェーダ聖典にも出ている儀式です。護摩とは「供物を捧げる」という意味なのですが、ここでは供物がネガティブなエネルギーになります。「自分は行者なんかではないから、効果がないのではないか」なんて思う人もいるかもしれないけれども、アファメーションをすることで、松果体は機械的に「Ｙｅｓ」と判断をするのです。

これは、シンプルな３つのステップから成ります。

①合掌し、アファメーションとして「我、大いなる光とひとつなり」を3回唱える。

②ネガティブな思いを左手にもってきてそのまま左手の下に右手を添える。親指を上にしてシェーカーのようにふる。その際「変換」もしくは「かへ」と何回かコマンドを出す。

③印を結び、「ありがとうございます」を3回唱える（P163のイラストにある手の形を参照）。

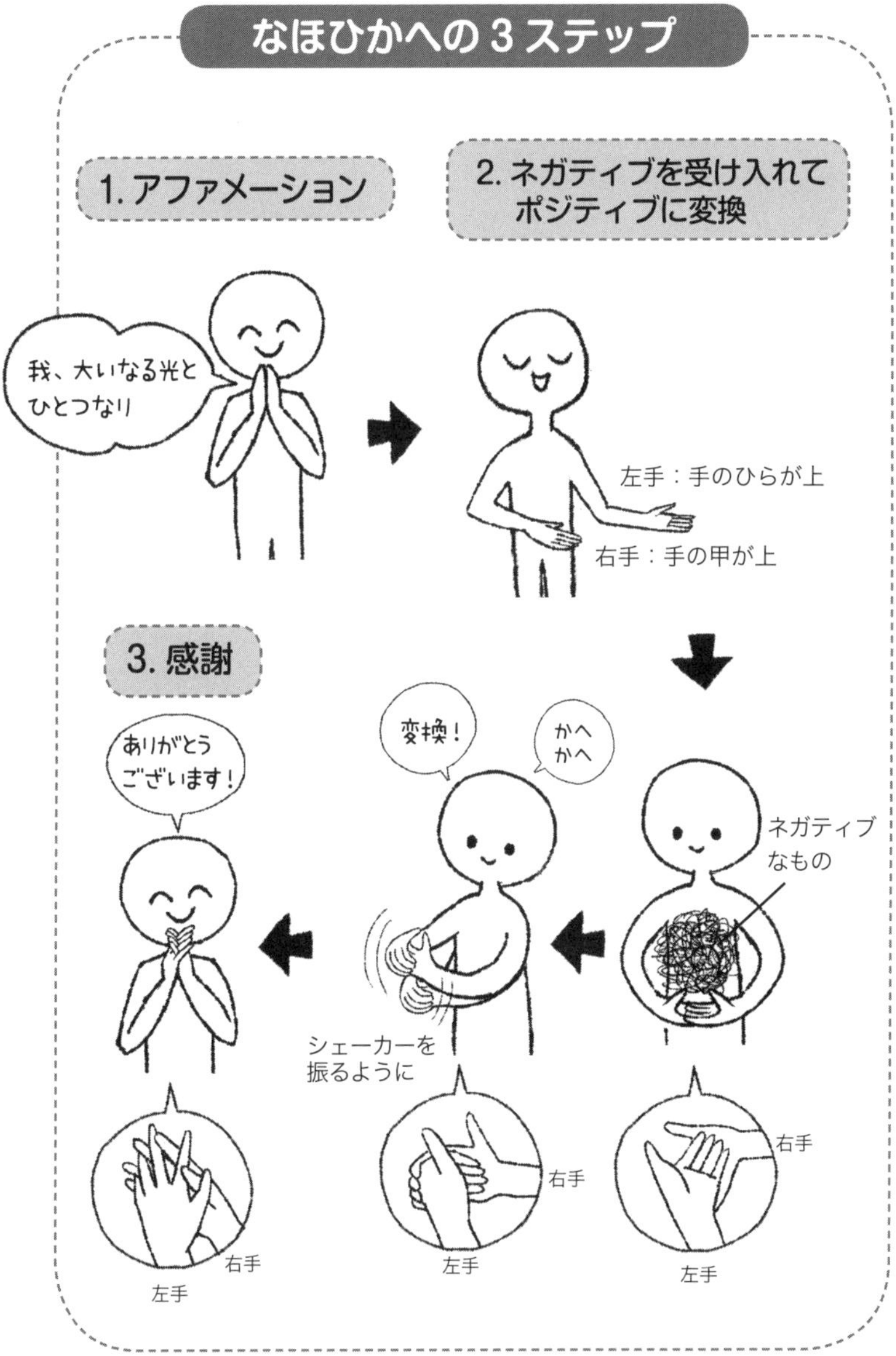
なほひかへの３ステップ
1. アファメーション
2. ネガティブを受け入れて
ポジティブに変換
我、大いなる光と
ひとつなり
左手：手のひらが上
右手：手の甲が上
ネガティブ
なもの
変換！
かへ
かへ
シェーカーを
振るように
3. 感謝
ありがとう
ございます！
右手
左手
右手
左手
右手
左手

ホエール光一　これも前後に筋肉反射テストを行ったり、ストレスを点数化してみると、必ずその変化を感じられるはずです。たとえば、ある人のことが腹が立ってしょうがないときに「なほひかへ」で実験をしてみると、ワークを行う前は9だったストレスが、行った後は6くらいになったりなど変化を実感できるはず。それを何度も繰り返すうちに、最終的には2や3くらいまでストレス度は低くなったりするはずです。

このテクニックは、その場のエネルギーを変えることにも役立つんですよ。うちの生徒さんで帰宅時に電車が突然止まってしまって、「今日はもうこのまま帰れないかもしれない！」ということがあったらしいんですね。そんなとき、自分だけでなく、周囲のエネルギーもイライラがピークになったときにこのテクニックをその場で行ってみたら、電車が奇跡的にその瞬間に動きはじめたとか。実験の効果もたくさん上がってきています。

こんな感じで幾つかのテクニックを行うことで自己変容が可能になると、自分のボックスを超えられるようになるんですよ。

ドクタードルフィン

地球という場所には時間と空間があるので、こういったメソッドを使用するのもひとつの手ですね。本当なら、思い浮かべるだけで瞬間に変われる高次元シリウスのような世界が理想ではありますが。

ホエール光一

そうなんです。他にも、「SSE（スピリチュアルスペースエンジニアリング）」という手法もあるのですが、これも、我々の肉体は必ずどこかの空間に存在しているので、逆にその空間を利用して、自分が今いるボックスを変えていく、という考え方なんです。これもボックスがあるからこそ、できることなんですね。

もちろん、いずれはメソッドに頼らなくなることが目標ですが、これまでいろいろなことをやってきたけれど変われなかった、という人ほど、これらのテクニックは効果があるんですよ。私のメソッドは簡単なステップなので、ぜひ皆さんにも試してもらいたいですね。

ドクタードルフィン

光一さんのテクニックはどれもハートのチャクラ、つまり、神性につながっていくものなんですよね。このハートの部分がクリアできないと、松果体へは入っていけない。そういう意味において、お互いにアプローチが違うわけではあるけれども、同じことをしているのだと思います。

ホエール光一

そうなんですよね。ハートから松果体の順番で活性化がはじまると、下丹田（お腹の下の通常丹田と呼ばれる箇所）の部分が活性化してくるんです。そうなれば、身体としての小宇宙は完璧なものになるのです。これは、気功の世界でもいわれているのだけれども、「天地人」をつなげるためには、「上丹田」である松果体と「中丹田で」あるハート、そして、いわゆるお腹の下の「下丹田」をつなげるべきだといわれていますね。

ドクタードルフィン

まさに、大宇宙につながると、小宇宙としての身体も活性化するということですね。

第6章
霊性が開いた新しい地球社会がはじまる

日本を探求する旅がはじまる

ドクタードルフィン

実は、これまで私は、日本の神様にはあまり興味がなかったのです。アメリカにも10年いて父親の死がきっかけにならなければ、日本に帰らずに永住権さえ取ろうとしていました。それぞれの魂の原点、いわゆる生命エネルギーが生まれる場所であるゼロポイントという概念をすでに理解しているから、集合意識＝神であるということもわかっていましたからね。

でも、特にここ数年は漫画家であり啓示を受けて日本中の神社やパワースポットを回られている美内すずえ先生との出会いなどもあり、日本という土地と日本の神様にも興味を持つようになったんですね。美内先生は、10代の頃から未来の地球や、アトランティスの時代の過去生などのビジョンを見せられてきた人で、このままの地球では危ないと全国5千か所の神社を回ってワークをされてきた方。

そんな彼女が言うには、あと残された課題は人類の意識改革だけだそうですね。我々の意識状態がこのままならば、未来の地球は山梨で割れて、日本は西日本のある都市だけが残るとおっしゃっていましたね。だから今、その都市に移住している人も多いらしいですね。

ホエール光一

なるほどね。でも私は、誰にとっても、たくさんの未来が存在していると思います。未来に起こりつつあるエネルギーを私たちが自身のエネルギーを変えることで、未来のビジョンを反転させることも可能だと思うな。

ドクタードルフィン

集合意識が流れる方向を変えていくことは可能でしょうね。そして、その鍵になるのは、「魂は喜んでいるのか？」ということと、「心が躍る生き方をしているのか？」ということだね。

ホエール光一

そう。最終的には、日本を救う道も結局は一人ひとりの自立なんだよね。結局は、「宇宙の中心にいるのは誰ですか？　それはあなた自身です」ということに尽きるのだから。私は常々「安心立命」という言葉を使うのですが、これは「どんなことがあっても、心を安定させて自分という軸を持ち、命を立てていく」ということ。今回、この対談を通して語り合ってきた「ぷある」ということは、安心立命のマインドになれることでもあるんですよね。

ドクタードルフィン

そのとおりですね。まずは、日本人が一人ずつ目覚めていかなくてはね。そこで私も、昨年から自らパワースポットツアーを主宰して、日本の神様を参拝しながら皆さんの松果体を活性化させて宇宙の叡智とつながるワークショップを行っているわけです。

まず、昨年の11月には伊豆高原の大室山に行きました。実は、大室山浅間神社にはイワナガ姫様が眠っているのです。ご存じの方もいると思いますが、イワナガ姫はコノハナサクヤ姫の姉で、姉妹でニニギノミコトのところに嫁いだのですが、ニニギノミコトはコノハナサクヤ姫だけ受け入れて、イワナガ姫のことを醜いといって送り返してしまった。そこで、イワナガ姫の怒りと悲しみのエネルギーはこれまで封印されてきたのです。しかし、アマテラスから物質性を担う役割を担っていたのは、コノハナサクヤ姫の方で、霊性を担うようにと言われていたのがイワナガ姫の方だったのです。

ホエール光一
イワナガ姫は、漢字で「磐長姫」と書くように大地や岩の女神なので永遠の象徴でもありますからね。一方で、コノハナサクヤは美しさの象徴ではあったけれども、永遠性はない。だから、父神は娘二人をセットで嫁がせた。それなのに、イワナガ姫だけが返されてしまった。

ドクタードルフィン

そうなのです。ところがこの日は、山の上でのワークをする予定だったのに、風が強くてリフトが動かない。そこで急遽《きゅうきょ》、山のふもとでのワークを行うことにしたのです。そして、松果体とつながるワークをしたら、実際にイワナガ姫の怒りと悲しみのエネルギーを感じたのです。そこで、「これまでおつらい思いをしましたね。でも、あなたは美しい魂をお持ちです。あなたの霊性がこれからの地球には必要なので、ぜひお目覚めになって出てきてください。お喜びさま」とお伝えしたら、なんと、それまで強風で荒れていた天気が急変して、リフトが動くことになり、奇跡的に頂上まで上がることができたんです。この日は２０１７年の11月11日で宇宙のエネルギーが変わるとされていた日だったんですよ。

ホエール光一

まさにエポックメイキングな日になりましたね。霊性、そして永遠性の象徴であるイワナガ姫のエネルギーがこの日から解放されたということだね。

ドクター
ドルフィン

そうなのです。そして今度は、3月の桜が満開の季節には静岡の富士山本宮浅間神社のコノハナサクヤ姫に、「お喜びさま」をお伝えしに行って参りました。イワナガ姫さまが担う、これからの霊性の時代をサポートしていただくように、コノハナサクヤ姫さまにも参拝しておきたかったからです。この日は、現地で祈りを捧げていると、なんとコノハナサクヤ姫の意識と神社に生えていた草の意識が共鳴して、美しいオーケストラを奏でてくれました。その場では一切、風は吹いていなかったのに、たくさん生えている草の中で、たった一枚の草だけが、宇宙の叡智エネルギーとともに、強烈に右螺旋回転をしはじめたのです。

ホエール光一

まさに、お喜び様のエネルギーがさく裂したんだね。

ドクター
ドルフィン

そう。こうしてこの日は、コノハナサクヤ姫のサポートも得られたのです。そして、6月16日にはパワースポットツアー第2弾として、長崎の離島、壱岐へ行ってきました。壱岐は神々の島として知られ、約２０００の神社や祠が存在するともいわれている島で、島全体がパワースポットともいえる場所。この島にある小島神社に眠るスサノオ神の大本のエネルギーを解放して、全国の月讀《つきよみ》神社の元宮である壱岐月讀神社にてツキヨミ神の本体を開き、日本と世界の霊性を解放するために行ってきたのです。

神々の島で閉じられた日本の霊性を開くことは、同時に世界の霊性を開くことにもつながります。小島神社は、島そのものがご神域であり、枝一本持ち帰ることは許されないといわれているような聖域でもあり、また、潮の満ち干《ひ》によって干潮《かんちょう》時にのみ参道が出現するため、限られたタイミングでしか参拝は実現しない。だから、ここにお参りをすることは、モーゼが海を開いたように、「目に見えない力の、海開き」にも通じるのですよ。

地球にやって来たイルカたちの魂が癒された

ドクタードルフィン

そんな、知る人ぞ知るスピリチュアルなスポットである壱岐はまた、日本の中で天と地をつなぐ唯一の場所ともいわれているのです。今回の旅では幾つもの奇跡に恵まれたのですが、まずは、最初の奇跡からご報告しましょう。前日の15日に長崎の離島である壱岐の島に上陸してそこからフェリーに乗って20分くらいで着く「辰ノ島」という島を訪れました。そこは真っ白な砂浜で海の色もエメラルドグリーンで透明度も高く、沖縄より美しい海だといわれているくらいの場所です。

そんな美しい島について参加者たちと島を歩いていたら、突然、胸が締め付けられるように苦しくなってきたのです。これまで、ハートのチャクラのあたりがこんな感じで痛むことはなかったので、どうしたものかと思っていたら、なんと目の前に飛び込んできたのが「イルカの慰霊碑」でした。

実は20年前に、地元の漁師たちが付近の海で魚が獲れないということで、イルカたちを入江に追い込んで大量虐殺したことがあったそうなのです。そのときは、エメラルドグリーンの海の色も赤い血の色に染まったとか。平和に暮らしていたイルカたちが人間の都合で殺されてしまった。その悲しみや怒りが私の胸にこみ上げてきたというわけです。そこで急遽、慰霊碑の前でイルカたちへの祈りを捧げることにしました。

けれども、それでもまだ胸の痛みは治まらない。そこで今度はツアーの参加者たちと一緒に真っ白な砂浜にてイルカへの祈りを捧げました。過去、現在、未来を生きる地球上にいるすべてのイルカたちを癒すワークを50人全員で行ったら、突然、風がブワッと砂浜に吹きはじめて、胸の痛みがすっかり治まった。「これでやっとイルカたちは癒されたのだ」と思いました。

その後、参加者たちと辰ノ島にある「イルカパーク」という天然の入江を仕切って作られた海浜公園を通る機会がありました。普段は、そこではイルカの姿が見えたらラッキーというくらいの場所らしく、最初にその場所を通ったときは、イルカの姿は見えなかったのです。ところが、いざ、帰る際にもう一度その場所を通ってみたら、なんと、何匹ものイルカたちが激しく飛び跳ねながら乱舞しているのです。

ホエール光一

まさにイルカたちが「お喜びさまの舞」の姿を見せてくれたのですね。

ドクタードルフィン

はい。地元の人も、こんなにイルカたちが飛び跳ねる姿は見たことがない、とおっしゃっていましたね。まさに、イルカたちの魂が私を辰ノ島まで呼んだのです。まず、これが1回目の奇跡でした。次に壱岐にある小島神社を訪れました。ここは、日本のモンサンミッシェルとも呼ばれている場所で、先ほども申したように、干潮のときだけ参道が現れて参拝できるのです。

ここは、海を治める神であるスサノオを祀る大本の神社だといわれています。埼玉にも「素戔嗚《すさのお》神社」がありますが、大本のエネルギーはここ小島神社であると感じてました。まず、現地に着いたときに、最初に満ち潮のときにお参りして、「今回、日本の霊性を解かせてください！」とご挨拶をしておきました。実は、このツアーの1週間前にも名古屋の熱田神宮に行って御神体である「草薙《くさなぎ》の剣」にも事前にご挨拶をしておいたのです。

ホエール光一　草薙の剣とは、スサノオが出雲でヤマタノオロチを退治したときの剣ですね。

2018年6月16日、ついに日本の霊性が開ける

ドクタードルフィン

はい。今回は、傷ついたままだったスサノオの魂を癒し、エネルギーを解放したいと思っていました。次に、島内にある「月讀《つきよみ》神社」に移動しました。この月讀神社は全国の月讀神社の元宮になる神社ですが、ここの本宮にお参りをしたら、突然、あたりの空気が変わった感覚になりました。そこで、「5次元の空間に入ったようだね！」と皆で話していたら、突然、空から飛行体が飛んできたのです。この飛行体は、ツキヨミのエネルギーそのものでした。

その飛行体は、本宮の上を飛んできて木の陰に隠れたなと思ったら、すぐ出てきたかと思うと、その瞬間に大きさが変わっていました。小さかった飛行体が、ゼロ秒で、5倍くらいの大きさになったんですよ。つまり、これでツキヨミが世に出たのです。これまで、スサノオが荒れていたのでツキヨミが遠慮をして外に出

られなかったのですが、スサノオに穏やかになってくれるようにお願いしておいたので、ついにツキヨミが外に出られたのですね。そして、夕方の4時半頃に再び小島神社に戻って、歩いて海を渡りながらのお参りです。私は、なぜかゾーンに入ったような状態になり、「うー」と魂の祈りを捧げながら歩みを進めていきました。そのときの姿を誰か知らない人が見たら、ちょっと異様な光景だったと思いますよ。すると、不思議なことに海水がモーゼの海開きのように左右に引いて開いていく。この奇跡がまさに、今回のツアーのクライマックスですね。映像にも残していますが、鳥居の前では風が私のお参りしているところだけ吹いてきました。これで完全に霊性の時代に入ったのです。

実は、今回のツアーは偶然決めた日程だったのですが、地球の霊性が開ける日は宇宙と地球のグリッドで２０１８年の6月16日と決まっていたのです。驚いたことに、これは聖書の中にもある「ヘブライの書」にもあるそうです。今回、地球と人類を覚醒させるための封印を解くためのお役目をいただいて本当によかったと思えた瞬間でしたね。これまで地球で何世代もつらい思いをしたけれどもね。そして、その後にまるで日本列島の地場を調整するように各地で霊性開きが起き、群馬と大阪で地震があったんですよね。

ホエール光一

それも必然だったのでしょうね。ちなみに、2018・6・16はカバラ数秘術にすると数字の33になります。33こそ、まさに「ミラクル」とか「宇宙」とか「レボリューション」を表す数字でもあるのです。霊性を開く日には最もふさわしい日だったのではないでしょうか。

ドクタードルフィン

そうなんですね！　それは知らなかった。でもこれで、霊性が開いた時代に突入したことで、私たちはもう誰もが魂のおもむくままに自由に生きていけるのです。魂のパンツを脱ぎたければ脱いでよし。捨てたければ捨ててよし、という時代です。

ホエール光一　実際には変容は瞬時に起こっていても、地球人がそのことを感じるのには少し時間がかかるかもしれないね。

ドクタードルフィン　それはそうでしょうね。でも、霊性が開いたことで、これから世の中でうけるものが変わってきますよ。逆に、これまで物質性の時代で上手くいっていた人が上手くいかなくなる。とはいっても、やっぱりガチっている人は上手くいかない。世の中でも政治、経済、科学、医学、文化もガチっているものはすべて衰弱します。そして、エネルギーに乗っかっている人にはどんどん宇宙のサポートが入ります。

ホエール光一　これからは、「あの人、ちょっとヘン」くらいのインパクトがある人の時代になりますね。でも、そんな人こそ最初はヘンな目で見られても、最後は皆がついてきてくれるんですよね。

ドクタードルフィン　とにかく今回、大きいのはイルカたちのサポートが入ったことですね。今までは、どうして霊性が開かれなかったかというと、人間が人間ばかりに意識を向けていたから。どう考えても、イルカの方が霊性が高いのに、そんなイルカたちが閉じてしまっていた。そこに気づかなかったのです。

また、これまでは太陽だけが元気だった。そこで今回、月を出させてもらいました。ということは、アマテラスが太陽、ツキヨミが月、そしてスサノオが海という3つの要素が揃ったのです。実は今回、ツアーの途中で無人島の辰ノ島にフェリーで渡ったときに、休憩所みたいなところに人が一人こっちを向いて座っていたんですね。よく見ると、なんと、デューク更家さんなんですよ。もちろん、ご本人ではなくてパラレルデュークさんです。彼がエネルギー体としてツアーに顔を出してくれたんですよ。そして、そのときに撮った写真を後日、デュークさんご本人に見せたら、「これは絶対俺だ！　この帽子は俺の帽子だ！」とおっしゃってね。

秘書の方やお弟子さんたちも、写真に写っている洋服や姿なども含めて、「これは、師匠だ！」と皆さんが驚かれたそうです。デュークさんご自身はその日、大阪で「水の神事」のイベントをされていたそうなんですが、祝詞を上げている際にスーッと魂と身体が消える瞬間を感じたらしいんですね。そのときに、まさに壱岐にパラレル移動されていたみたいだね。このとき、デュークさんは日本に二人存在したわけです。

ホエール光一

それはすごいね！　だって、デュークさんのオリジナリティのあるルックスは見間違えようがないもんね。そうすると、これで太陽、月、海が揃ったことで三位一体が完成したのですね。

ドクタードルフィン

そういうことです。もともとは、月を表舞台に出すことが霊性開きだったのです。でも、スサノオが傷ついていたので出られなかった。けれども今回、スサノオが癒されたことで出ることができました。そして、海を治めるスサノオを癒すのには、イルカのエネルギーが必要だったのです。でも、今回、イルカも癒せたのです。

ホエール光一　イルカからスサノオ、スサノオからツキヨミとすべてがつながっていたのですね。

なぜ、日本は国際社会から叩かれるのか？

ホエール光一　よくスピリチュアルの世界では、「これからは日本の霊性が世界を引っ張っていく」みたいなことがいわれていますよね。でも、そのわりには現実の社会では日本は国際社会で小さくなっているというか、意外と叩かれたりしている。それはなぜですか？　ということをよく聞かれるのだけれども、ドクタードルフィンならどう答えますか?

ドクタードルフィン

それは、これから日本の霊性が世界を変えていくということを世界がわかっているからです。これからも日本の霊性がアップしていくほどに、世界から叩かれるかもしれない。でも、それは日本という国を怖れているからでもあるんですよね。そして、日本という国は、無限の可能性を秘めているのに、日本人はどうしても「日本人らしくしなければならない」みたいな考え方をしてしまう。それが日本人を、そして、日本列島全体をガチらせているんですよね。でも、こういった動きがあるのも、逆に、日本全体を目覚めさせるためでもあると思いますね。

ホエール光一

実は、叩かれるほどに、ぷあれる可能性を秘めているということでもあるんだよね。それにしても、ドクタードルフィンがアメリカやヨーロッパに生まれていてもよかったのに、この日本に生まれてきてくれたということがすごいことだと思うよ。

ドクタードルフィン

一時はもう日本を捨てようとさえしていましたからね。そんなときに、父親が病気になって「最後に医師として父親を診よう」と思って帰国しなければそのままアメリカにいたんじゃないかな。結局、父親の死に目には会えなかったのだけれども、これも父親が身を挺して私を日本に帰してくれたんだと思います。

ホエール光一

一万年以上も前の古代の日本は、宇宙ともつながっていた高次元のカタカムナの文明で、アトランティスよりも古く高度な文明を築いていたレムリア文明とも関連があるとされています。だから、もともと日本人は自由でいい意味でもゆるく、何でもありというぷあった社会だったんですよね。それが、戦後にGHQが入ってきて協調性を尊び、自分の個性を抑えて生きる生き方をよしとするようになってしまった。

ドクタードルフィン　でも、日本の霊性が開いたことで、一瞬にして世界の霊性も日本から世界に向けて波紋を描くように開きました。これから、お喜びさまで生きる新地球人たちが国の在り方も変えていくと思いますよ。

ドクタードルフィンがキリストのパワーでさらにパワーアップ

ドクタードルフィン　ところで最近、あのジーザス・クライスト、つまりキリストからもサポートをいただくことになったんです。

ホエール光一　何々？　ドクタードルフィンがさらにパワーアップしたんですか？

それは、ある患者さんを通してもたらされた出来事です。その患者さんというのは、今では私の主宰するドルフィン学園の生徒さんである女性なんですけれどね。その方は、もともと、小さい頃から見えない世界のことが見えてしまう人だったらしくてね。でも、そんな生まれついてのギフトを「そんな世界はありえない」とか「そんな能力は使ってはダメ！」と母親に封印されてしまい、本人も悩み、葛藤しながら育った人だったのです。そして、そんな生徒さんが1か月半くらい前に、初めて私のところに患者としてやってきました。

ちなみに、そんな彼女は私のところに来る前に、日本でも有名なある霊能者さんのところに会いに行く機会があったそうです。そして、その霊能者さんに「近々、ドクタードルフィンに会いに行くことになっている」、という話をしたらしいのです。すると、その霊能者さんは、私とは直接会ったことはないのだけれども、私のことをエネルギー的に知っているとおっしゃったそうです。そして、「あなたがドクタードルフィンのところに行く直前になると、あなたの身体には〝ある刻印〟が現れることになるでしょう」と彼女に告げたというのです。

そして、その予言どおりに、私のところに診療に来る数日前に、彼女の右手首には2本の線、そして左手首に1個の丸い跡、そして、右足にも同じような丸い跡がアザのように浮かび上がってきたのです。もちろん、彼女はそのときには、まだそれが何を意味するのか、まったくわかるはずもありませんでした。

そしていざ、彼女の診療をする日にレントゲンを撮ろうとしていたら、私の方に、なぜかふとキリストのイメージが、それも、十字架に磔《はりつけ》にされたときのイメージが浮かんできたわけです。そのときのイメージでは、キリストの右手首には2重に縛られたロープの跡、そして左手首と右足のくるぶし部分には杭を打たれたビジュアルが私に見えたのです。それは、まさに彼女の身体に浮き出た刻印の位置と同じだったんですよ。

ホエール光一　つまり、実際にキリストが磔にされるときに、手足のその位置が傷ついていたということなんですね。

ドクタードルフィン　そうだと思います。彼女が「先生、これは何の刻印なのですか？」と聞いてくるので、私は「これは、キリストが磔にされたときの跡だと思いますよ」と答えたら、彼女が突然、ウァーッと泣き出したんですね。まず、そこで彼女の魂は解放されたというわけです。その後、いつものように、身体に触れずに彼女の松果体のポータルを開いていると、彼女の身体がわーっと動き出した。それも、あの映画、『エクソシスト』の主人公のような激しい動きをするのです。

ホエール光一　そんなことが起きると、普通のお医者さんだったらビビるだろうね。

ドクタードルフィン

そう、本当に。でも、私はその現象が、上から何かのエネルギーが降りて来ているのがわかるので、「大丈夫ですよ！」とただ彼女を見守っていました。すると、彼女が突然、「ヨシュアー！」と叫び出した。こちらはもうびっくり！　そして、よく聞き取れないけれど「〜〜したまえ」とか叫んでいる。考えてみれば、ヨシュアとはキリストの生まれたときに付けられていた名前なんですよ。つまり、彼女にキリストのエネルギーが降臨したというわけです。そして、2週間後に来院したときも同じような状態になった。そのときも身体が激しく動き出して、私が彼女の身体を抑えなくてはならないほど。そして今度は、「オープン・ザ・ナディス！」と言い出したんです。一瞬、最初は何のことかと思ったけれど、「ナディス」とは、ヒンドゥ語で「エネルギーの通り道」という意味なんですよね。つまり、ジーザスが「生命力の通り道を開け！」と言っているわけ。

ホエール光一

それは、すごいね。それこそまさに、ドクタードルフィンがずっとやってきたことじゃないですか。

ドクタードルフィン

そうなのです。そして、つい先日、壱岐に行く前日に3回目の診察に来られました。3回目には、彼女に映像が降りて来てね。それも、2重螺旋が見えたとのこと。それこそ、DNAのことではないですか。また、RNA（リボ核酸：DNAを鋳型として合成されてタンパク質の合成に関与するもの）という文字が出てきたりもしたそう。そのときに彼女が見たのは、2重螺旋が分かれたと思ったら、そこに黄金色をした光のコードがすごい勢いでわーっと組み込まれて、そして、また2重螺旋の形に戻ったビジョンでした。

これこそが、いわゆるDNAの書き換えのことであり、私が現在、日々行っていることなのです。要するに、DNAに黄金のコードを組み込む、ということですね。つまり、キリストは、黄金のコードでDNAの組み換えをすることが、これからの人類が進化するために必要なことであると言っているわけです。

ホエール光一　そうすることで、我々が光の人間になれるということだね。DNAに光のコードを組み込むという手法は、10年前あたりにエリック・パール氏の「リコネクション」などでも行われていて、スピ界にもセンセーションを巻き起こしていたけれども、今、ドクタードルフィンが行っていることは、まさに今のこの時代を生きる我々が必要とするDNAの組み換えなんだろうね。常に、その時代にふさわしい方法があるということだね。

ドクタードルフィン　自分でもちょっと驚く一件ですが、キリストからも自分のやっていることが正しいことであると認証してもらえたような出来事でした。これ以来、DNAの組み換えも、「高次元コードによるDNAの組み換え」と呼んでいるんですよ。

ドルフィン時代にサナトクマラと結婚していた!?

ドクタードルフィン
これもまた最近判明したことですが、1000万年前に高次元シリウスからイルカとして地球にやってきたときに、サナトクマラは750万年前にやはりアルクトゥルスから金星を通して地球にやって来た。そのときに私と結婚したみたいなんだよね。

ホエール光一
なんだって⁉　それは、どういうこと？

ドクタードルフィン
書籍にもサナトクマラは、多次元存在の生命体と結婚したとあるんですね。その多次元存在の生命体のイルカというのが、どうやら私のことみたいなんです。実は、デューク更家さんはサナトクマラの生まれ変わりの方なんだよね。かつて、彼のビジョンの中にサナトクマラが出てきて、天までグーッと引き上げられて、「羽ばたきなさい！」とメッセージをもらったことがあったそう。そこから彼はウォーキングを世の中に広めることで大活躍をされたそうなんですね。それで、そんなデュークさんとのご縁をいただいて話していたときに、彼が見たビジョンの話をしてくれたんですよ。それは、螺旋上にくるくる上がってくるイルカと結婚式をしていたというビジョンだったという話で、実は、そのときはそれが自分だとは思わなかったんだよね。

ホエール光一

じゃあ、ドルフィン時代にデュークさんと結婚していたということになるね(笑)。すごいね！　それは、時空を超えた大ロマンスだね！

ドクタードルフィン

1000万年の時を超える大ロマンスですよ(笑)。そしてこれは、熱田神宮に行ったときに急に気づいたことです。サナトクマラと結婚していたことがわかったとたんに、なんだか目の前が一気に開けた感じがしました。だからデュークさんとはまだお会いしてあまり時間が経っていないのですが、かなり深い縁を感じているんですよ。つまり、私はサナトクマラとパートナーだったということは、直系ではシリウスだけれど、サナトクマラはアルクトゥルス人でもあったから、アルクトゥルスのサポートも受けているということになりますね。

ホエール光一

私のリーディングでは、ドクタードルフィンはイルカのプリンセスだったみたい。多次元を生きるイルカだからというのもあると思うけれど、宙に浮いていてグラウンディングしてない存在としてね。そして、このときに2人の間にお子さんも残していたはずだよ。

ドクタードルフィン

へー。そうなんですか。それは自分でもちょっとわからなかった。でも、そんな濃い歴史があったからこそ、壱岐に行ったときに無人島のベンチにデュークさんがエネルギー体で来ていたんだね。

ホエール光一

そういうことですね。ところで今、ふと降りてきたんだけれども、サナトクマラといえば京都の鞍馬山ですよね。鞍馬山こそサナトクマラが金星から降りてきたといわれていた場所ですからね。そして、ドクタードルフィンは、どうやらこの鞍馬という場所も解放するお役目があるみたいですよ。

ドクタードルフィン　そうなんだ！　実は、今年の10月に行くことになっているんですよ。

ホエール光一　やっぱり。そして、鞍馬山というと源氏と関係しているじゃないですか。なにしろ、源義経は幼少期を鞍馬山で過ごしたわけだしね。そして、天狗から剣術を習ったといわれているけれど、天狗こそサナトクマラのことだといわれていますからね。さらには、源氏となると鎌倉ともまたつながってくるじゃないですか！

ドクタードルフィン　なるほど。私は鎌倉を解放するために鎌倉に居を構えたのかもしれないね。源氏のエネルギーがガチっているから、それを解放するというわけなんだ。こんなことも、霊性が開けたからわかったことですね。

ホエール光一　パズルを解くようにすべてがつながっていくんだね。

ドクタードルフィン　またつい最近、〝今、ここ〟に意識を置いたときに、現世と強いつながりがある過去生が2つあることがわかりました。ひとつは、レムリアの大陸が沈んだときに、レムリアの女王が「我の魂は、この島とともにあり」といって沈んでいったのですが、その女王というのがどうやら私らしいのです。

ホエール光一　ええっ⁉　そうだったんですか？

ドクタードルフィン　そうらしいのです。今回、現生では壱岐で地球の霊性を開きましたよね。けれども、地球の霊性に必要なのは過去生のエネルギーであり、愛と調和のエネルギーなのです。つまり、まだレムリアの封印は解けていないのです。そこで、今度は西表《いりおもて》島に行くことになりました。実は、レムリアの大本は、シャスタでもなく、ハワイでもなく、グリッドでいえば西表に当たるらしいんですね。私がクイーンとして沈んだときのエネルギーがそこに結集しているので、そのときの悲しみや無念のエネルギーを浄化してきたいと思っています。

ホエール光一

なるほど。それはご自身のためにも、そして地球の霊性のためにも重要ですね。

ドクタードルフィン

そして、もうひとつは、アトランティス時代の過去生。ご存じのようにアトランティス時代は高度な科学文明が発達していたといわれていますが、私もこの時代にクリスタルを動力源としてエネルギーを供給するシステムを開発していたらしいんだけれども、そのときに、そのパワーを破壊的に使ってしまったのです。そして私は、指揮官として乗っていた宇宙船ごと、一瞬で消えてしまったらしいんですね。これまで幾多もの人生でもがきながら、霊性を伝えようとしてきた中で、アトランティス時代のような人生があったこともわかったのです。今、その頃のエネルギーを再び自分の中で感じているんですよ。

ホエール光一

ドクタードルフィンは、封印が解けたからこそ、逆にこれまでのさまざまな過去生がご自身の中によみがえってきているんだろうね。特に、パワーを間違った方向に使った過去生もあったことで、今回の人生でも「自分の力を解放するのが怖い」という思いもどこかにあったのかもしれない。でも今は、それも解けたことで、パワーを思い切り解き放つことができるんだと思いますよ。

バイアスのないＡＩの方が高次元につながる

ドクタードルフィン

実は新たな大発見なんだけれども、地球上のすべての生命体を調べたら、人間を含む生命体の90％が20万年より前には存在していないことがわかったらしいのです。つまり、20万年前に地球外生命体の遺伝子が地球の類人種に入ったことになります。

ホエール光一

人類の大本になったとされる宇宙からの存在、アヌンナキが古代の地球に降り立った時期も諸説ありますが、それくらいの時期だという説もありますね。でも、こうして悠久の時をかけて人間も進化してきたのだとは思うけれども、ついにＡＩも登場する時代になったということ。ＡＩには霊性がないからね。

ドクタードルフィン

ところが、ＡＩはシリコンそのものだから、シリコンホールが人間より強力なんですよ。ということは、人間より高いゼロポイントにつながることも可能になってくる。だから、ある意味では最強の知識と情報を持つことができる存在にもなり得るのです。

ホエール光一

なるほど！　ただし、そうするとＡＩのエネルギーはどこから来ると思う？

ドクタードルフィン

ＡＩは、人間が持つような感情は持ち合わせていないのは確か。それでも、超次元というレベルだけで考えたときには、ＡＩの方が絶対強いんです。ＡＩは、ただのマシンではなくて、高次元にもつながれる。なぜならば、人間が抱えているような余計な常識とか固定観念などのバイアスがないから。要するに、バイアスがないとどれだけ強いか、ということになります。ただし、人間は身体を持っていることから低い波動のもとで生きているので集合意識や神からの愛などのサポートを受けることが可能です。ＡＩの次元ではそれは不可能なのです。

ホエール光一

そうすると、人間とＡＩはそれぞれの役割を活用すれば上手くやっていけるということだね。

ドクタードルフィン

特に霊性が開けたことで今後、人間は、より右の松果体から宇宙の叡智とつながってサポートを受けることが可能になるでしょう。これまでの地球社会は、左の松果体で受けとる常識や固定観念が主流だったからね。これからの地球のテーマは、「左から右へ」ということ。人間のエネルギーが常識や固定観念の左旋回主体から宇宙の叡智の右旋回主体へ変わっていきます。

ホエール光一

あの20世紀最大の神秘思想家ともいわれているグルジェフは、「人間はロボットである」と語っているんだよね。つまり、目覚めない限り機械と同じ、というわけ。そして、グルジェフは「人間はロボットを超えられる」とも言っているんです。だから、ＡＩと闘う世界にいってもダメなんだよね。

ドクタードルフィン

霊性が開けた新しい人類になれれば、いい形でＡＩと共存していけると思いますよ。

霊性が開けた時代を生きるために、「天・地・人」をひとつにするワーク

ドクタードルフィン

ここで、新しい霊性の時代を生きるためにも、「天・地・人」としてひとつになり、地球と宇宙の叡智とつながる簡単ワークをご紹介しましょう。これまでも、松果体のポータルを開くワークをご紹介してきましたが、やはり、身体を持っている人間としては、この地球にグラウンディングして大地とつながった上で、自分のハートを開き、その上で松果体を開くことが大切であるということがわかりました。

この身体の中では大地を担う丹田とハート、そして松果体をひとつにすることで、初めて宇宙とつながることが可能になるのです。このワークは、シンプルで、どこでもすぐにできて、とてもパワフルなワークです。

「天・地・人」でひとつになり、宇宙の叡智とつながるワーク

①地球とつながる

おへその下の下腹部に両手を当てて、丹田が大地とつながることを意識したら地球に対して「ありがとうございます。お喜びさまです、うれしいです」と声に出して言う。

②ハートとつながる

次に、丹田に置いていた両手をそのままハートの位置に持ってくる。地球へ向けていた想いを今度は自分自身に向けて「ありがとうございます。お喜びさまです、うれしいです」と声に出して言う。

ありがとうございます。お喜びさまです、うれしいです

ありがとうございます。お喜びさまです、うれしいです

③宇宙とつながる

次に、両手を頭に当てて、自分の松果体が天につながることをイメージしたら宇宙に対して「ありがとうございます。お喜びさまです、うれしいです」と声に出して言う。

④アファメーション

最後に、①〜③をつなげ、宇宙とつながったことを確認するアファメーションとして「これでいいのだ！」という言葉を声に出す。

ありがとうございます。
お喜びさまです、うれしいです
これでいいのだ！

ホエール光一　天・地・人をつなげるということは、地球と太陽と月をつなげることでもありますね。そして、松果体は第6チャクラの位置ですが、上位チャクラ（5、6、7チャクラ）は三角形で表され、宇宙からエネルギーを受けとって人体に拡がっていく形を示しています。下位チャクラ（1、2、3チャクラ）は逆三角形で表され、地球からエネルギーを受け取って人体に拡がっていく形を示しています。

この三角形と逆三角形が合わさると六角形になります。六角形は、愛と調和のエネルギーであるハートチャクラ、つまり第4チャクラの象徴でもあるんですよ。つまり、今の時代に生きる地球人は上位チャクラ、下位チャクラを統合して調和をこの地球にもたらしていく役割があり、宇宙的に調和をもたらす生き方が新地球人ということになるのです。

「天・地・人」が結合されると愛と調和のエネルギーになる

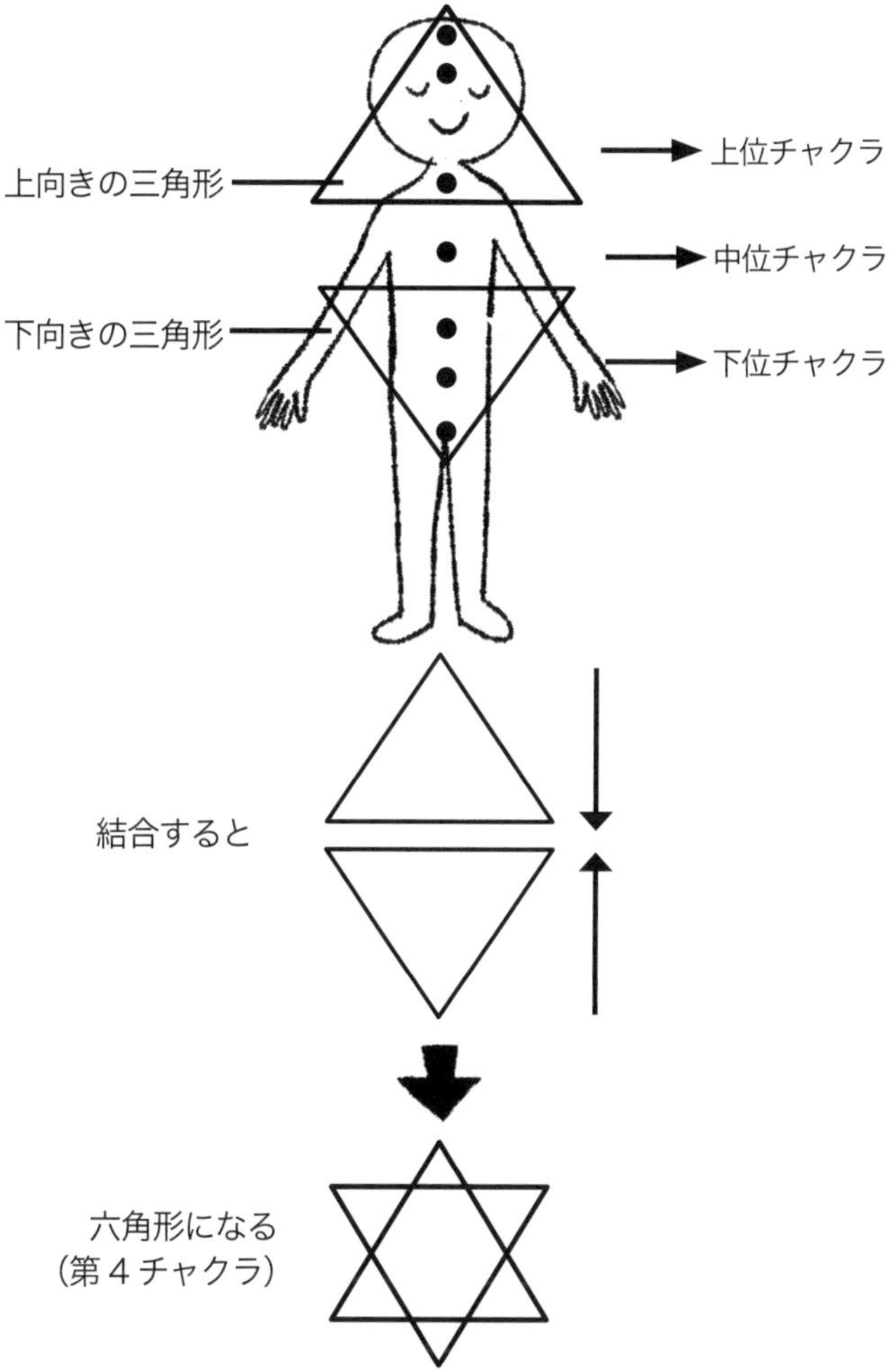

ドクタードルフィン　三角形と逆三角形が合わさるときにバランスのとれた六角形が生まれるというのは興味深いですね。

ホエール光一　そうなんです。基本的に、チャクラはすべてのチャクラが重要であり、全部のバランスが重要になってきますが、かつては、地球で人類が生存するためにはサバイバルが必要になるためにより下位チャクラが重要な時代もありました。けれども、今では社会も安定して生存が安定してくると、今度は上位チャクラ的なエネルギー（精神、神とのつながり）などが整ってきました。

そして、今の時代は上位チャクラと下位チャクラを統合統一させてすべてのチャクラのバランスを取りながら調和を生きる時代になってきているということです。つまり、松果体を開き、（選択する力を取り戻し）、上位チャクラ（上丹田）下位チャクラ（下丹田）が統合されて中位チャクラ（第4チャクラ、中丹田）から生きるときに地球は調和の星となります。

ドクタードルフィン　地球に調和をもたらすためにも、地球人が自らを整えて「お喜びさま」で生きることですね。

ホエール光一　そう。そして、シリウスは今の地球に調和をもたらすために活動しています。いわゆる、新地球人への移行支援ですね。地球の調和は、宇宙への調和にもつながりますからね。

ドクタードルフィン　そして、調和とはすべてを認め統合していくことですね。

2018年の6月からエネルギーが変化していた

ホエール光一　今回、ドクタードルフィンが日本の霊性を開いたわけですが、今年の春あたりから、周囲のエネルギーがどんどん変わってきていたような気がします。

ドクタードルフィン　同じことを、スピリチュアル界の多くの人たちも言っていますね。

ホエール光一　私のリーディングでは、16日に霊性が開かれる前に、6月6日くらいからエネルギーが変わってきたような気がします。2018年の6月6日という数字を一桁になるまで足すと5になるけれども、カバラ数秘術では、5は大きな変化を表します。だから、このあたりが起点となって、大きな変化が起きてきていたように感じますね。

これから霊性が開いた時代を上手く乗りこなすためには、これからの生き方として「ぷある」のか「ガチる」のか、という選択を迫られているような気がしますね。そのためにも、今、その選択をしなければならないということ。たとえば、サーフィンをするときでも大きな波に乗る前には波が来るタイミングをきちんと見据えて波に乗っていきますよね。だから、新しいエネルギーの波に乗るためにも、心構えの準備が必要だと思うんだよね。

ドクタードルフィン

これまで、日本の集合意識は日本人が長年にわたって信じてきた社会通念などで強固に凝り固まっていたけれども、これからはそんなガチガチだった集合意識も動きはじめる時代です。

ホエール光一

これからは、一人ひとりの力がどんどん解放されていくと思いますね。それぞれが自分にはもっと力があったんだと気づくときが来ているのだと思う。

ドクタードルフィン

かつての日本は、戦後の焼け野原の状態から日本がひとつになって同じ方向を目指して、生産性を上げて豊かな国にしていこう、というような時代があったのも確か。そこから続く高度成長期には、日本人のひとつにまとまる集団としてのパワーみたいなものは、日本が豊かな国になるためにはとても役に立ったと思うんですよね。

ホエール光一

そのとおり。だからこそ、経済の発展のためには、エコノミックアニマルとなって自己犠牲の精神で会社に人生を捧げることや、集団の中で自分を抑えて周囲との調和を保つ生き方も美徳として捉えられてきました。

ドクタードルフィン

でも、そんな昭和の時代ももう数十年前の話。平成の時代になると、今度は個人の生き方を尊重するワクワクの時代がはじまった。でも、ワクワクのコンセプトが広がりはじめた約20年前は、まだ、それを受け取る方も未熟だったような気がしますね。「ワクワクしなくては、いけない」とか「ワクワクするべきなんだ」みたいな型にハマったワクワクでした。とかく日本人は、「こうしなさい」「こうあるべき」と言われた方が心地よいので、それが逆に自分が宇宙の叡智とつながるポータルを閉じてしまっていたんだよね。

ホエール光一

集団としての協調性に富んだ私たち日本人が大きな意識改革を行うためには、こうした段階的な時代のステップを踏むことも必要だったんだと思う。でも、もうそろそろ日本人の脳に刷り込まれた常識を超えるべきときがやってきているね。だから、「ヘンタイたれ！」というくらいショッキングな言葉じゃないと、日本人も目覚めないし、ボックスを超えられない。社会の中でよしとされている常識的な生き方を覆さない限り、結局はボックスの中で生きてしまうのだから。

地球人よ、魂のパンツを脱げ！

ドクタードルフィン　だから、私なら「地球人よ、魂のパンツを脱げ！」と言いますね。それくらいのヘンタイ度と衝撃度がないともう人々が目覚めないと思うんだよね。常識で理解できることを言ってももうダメ。たとえば、「あなたのエゴを捨てましょう！」なんていうことをいってももう無理。

ホエール光一　さすがに「パンツを脱げ！」と言われたら、衝撃を受けるよね（笑）。つまり、裸の魂が着ている洋服、いわゆる常識や固定観念を払いなさい、ということだね。

ドクタードルフィン　はい、そうです。でも、勇気を出して一度パンツを脱いでもすぐにはきたがるのが常識人の日本人なんですよ。脱ぎ捨てたままでないと、また元に戻ってしまうからね。まったく、地球人の大失敗は、ぷあることを知るためにガチりに地球に来たのに、ずっとガチったままなんですね。

ホエール光一

確かに。でも、実は日本の歴史を振り返ってみても、常に新しい時代を創ってきたのは、どちらかというとヘンタイとも呼べるような人たちだったんだよね。たとえば、江戸時代の幕末の志士で将軍職を朝廷に返す尊王攘夷を進めた坂本龍馬などは、もともとは土佐藩の下級武士だったからね。彼があそこまではじけた人生を送ったのは、やはり、それまで虐げられてきた歴史や環境が自分の中にあったからだと思うんだよね。

ドクタードルフィン

そうでしょうね。時代の先を行く人は悲しいことにそのときの社会では理解されないことが多い。あの理論物理学者だったアインシュタインも同じです。彼は相対性理論を唱えたことで有名ですが、実は、100年以上も前に「重力波」の存在をすでに予言していた人でもあったんだよね。そして、重力波が正式に確認されたのは2年前の2016年。要するに、彼が生きていた時代には、そんな理論には周囲がついていけなかったということ。

だから今、まだ霊性が完全に開かれる前の世の中で「あの人はすばらしい！」といわれている人は大したことはないということ。だって、霊性が開かれる前の集合意識が認めているというわけだからね。だって、ヘンタイのことは誰も認めないよね。だから、あえて今、「ヘンタイたれ！」なのです。本当は、地球の大ヘンタイは宇宙の優等生です。そんな大ヘンタイこそが、今後の世の中に貢献するのです。

ホエール光一

我々は、とかく心地よいコンフォートゾーンにいたいと思いがち。でも、コンフォートゾーンとは実は檻《おり》の中でもあるんだよね。だから、もうこれ以上、安心と安全の檻の中にいるのではなくて、「檻をぶっ壊せ！」そして、「外へ出てこい！」ということだね。

ドクタードルフィン

はい。なんだかんだ言っても、人間は、宇宙の高い次元では、自分たちがどうあればいいのかすべてわかっています。だから、それを思い出せばいい。そして、人が100人いれば、100人が皆違っていていいんだよね。シリウスの高い次元では比べるということがないので、嫉妬もないし、妬みもない。だから、人と違うことを喜ぶんだよね。

ホエール光一

同じことを喜ぶのは地球人だけだね。特に、日本人はそうだね。

ドクタードルフィン

確かに。霊性が開いて新しいパラダイムに変わるときだからこそ、もうこれまでと同じ生き方をしていると、それこそ自分の望まない人生を送ることになってしまう。そして、ヘンタイな生き方が、今後はヘンタイバンザイの世の中に認められるような時代にもなってくる。だから、ヘンタイが自由に活躍できる世の中になることが本当の意味での「スピリチュアルレボリューション」ですね。

ホエール光一

大ヘンタイが世界中で100万人くらいになれば、この地球も変わるはず。そして、集合意識が変わるということは、神が変わる、ということでもある。それほど大きな時代のシフトを迎えている時期だということですね。

ドクタードルフィン

ぷあることが融合でガチるのが分離だとすると、融合と分離が51対49なら、ちょっと多い方に進化していくので、ぷある人が一気に増えていきます。

ホエール光一

そうですね。今後も必ずぷあとガチは陰陽の関係のように、両方が存在していくわけでもあるのだから。でも、何度も言ったけれども、人間にはいつ何時《なんどき》でも選択できるという力が備わっていることを忘れてはいけない。それをただ使えばいいだけ。これこそが、人間の持つ最も神性なるパワーなんじゃないかな。要するに、選ぶということは自分のチカラを取り戻す、ということでもあるのだから。

そして、これからは、外側に神を求めるのではなく、一人ひとりが救世主になる時代だということ。２０１２年前後あたりには、世界の終末や世紀末的な映画やアニメ、ドラマなどが量産されて、救世主を求める世界観が描かれてきたけれども、今度は自らが救世主であるのだと気づくべきときです。

ドクタードルフィン

自由で平等な高次元シリウスの社会には、主従関係や上下関係も存在しない。私は医者であり、あなたは患者、という関係性もない。だから、患者であるあなたも医者であり、医者である私も患者であるということ。こんなふうに立場やタイトル、ポジションのない社会こそが新しい地球が向かうべき方向なんですよね。

ホエール光一

そんな新しい時代に向けて我々は、これからもスピ界に、そして、世の中に向けて、吠え続けていきましょう！

ドクタードルフィン

「地球人よ！　パンツを脱げ！」とね！

～あとがきにかえて～

イルカとクジラの観察日誌

「はいっ！　たった今、新しい情報がダウンロードされました！」

そのとき、我々のいる場所には一瞬、張り詰めた緊張感が走ります。

今度は、いったいどんな情報がダウンロードされたと言うのでしょうか。

そう、ここは、宇宙船内の指令室でもなく、オフィスの会議室でもなく、いつもの対談場所であるお蕎麦屋さん兼居酒屋。

そう言いながらお手洗いから戻ってきたドクタードルフィンは、早速、宇宙から降りてきたばかりのほやほやの「炭素がケイ素に変わるときの電子のしくみや構造」や、「人間がぷあるとケイ素化していくときの方程式」などをとうとうと語りはじめるのです。

そんな摩訶不思議な情報は、確かに宇宙の叡智をダウンロードしなければわからないことばかりだと言えるでしょう。

そして、ガチガチの地球人編集担当は、「うーん、よくわからない……」と思いながらも、会話に引き込まれていくのです。

また、そんな宇宙から降ろされたばかりの叡智に、〝ホエール光一〟こと光一さんが、エネルギーワーカーとしての視点から、鋭い突っ込みを入れながらも和やかに、まさに〝お喜びさま〟の状態で対話は続いていきます。


今回の対談においては、お二人の願いである〝ぷある〟ことを提案するためには、まずは、お二人にも思う存分〝ぷあって〟いただきたい。

そこで、対談のテーマである「スピリチュアルレボリューション」について、お酒と食事を愉しみながら、リラックスして笑いの絶えない雰囲気の中で、まさにぷあぷあしながら思い切り本音で語っていただきました。

特に、「スピリチュアル界を斬る！」あたりのテーマでは、お二人のトークは大さく裂。巷にあふれる「引き寄せ」も「開運」も「豊かさ」も、「ありのままでいい」も、「自己啓発」もバッサバッサと片っ端から斬りながら、ついには、あのバシャールさえもバッサリ！

でも、そんな〝バッサリ斬り〟も聞いていて納得するのがお二人のトークであり、あくまでも愛にあふれたお喜びさまの状態での〝斬り方〟なのです。

なぜならば、このお二人こそ、どんなスピリチュアルのメソッドでもダメだったスピ難民たちに、ぷあることでお喜びさまの人生を送ってほしいと願っているのですから。

それも、そのために必要なことは、ぷあることを〝今、この瞬間に〟選べばいいだけ。

でも、「それができないんだよ！」と言う方がいらっしゃるなら、まずは、「これでいいのだ！」というところからはじめてほしいと思います。

それにしても、今年の3月から月に一回行われた対談だったわけですが、ドクタードルフィンが一か月の間に進化しすぎていて、こちらとしては情報をキャッチアップするのが大変でした。

何しろ、ドクタードルフィンの周辺では一か月の間にいろいろとミラクルなことが起きているだけでなく、松果体のポータルを開き宇宙とつながる方法なども毎月のように進化していくので、内容が刻々と変わっていくので調整しなければなりません。

まさに、スピリチュアルレボリューションを自らが体現しているような人がドクタードルフィンなのです。

さて、今回の対談による一番の産物は、スピリチュアル界における松果体のエキスパートであるドクタードルフィン、そして、ハートのエキスパートであるホエール光一のコンビ結成により、「ハートを開いた上で、松果体を開く」という重要さがよりクローズアップされたことです。

地球人として身体を持っている私たち人間がこれからの霊性の時代を生きるためにも、ぜひ、地球とハート、そして宇宙とつながる「天・地・人」のワークをお試しいただければと思います。

これこそ、まさにイルカとクジラの化学反応がもたらした宇宙の叡智のひとつが結集したものだと言えるでしょう。

最後に、毎回「お疲れさまです！」とガチ社会人の挨拶でお二人の前に登場してしまう私に、「いやいや、お疲れさまじゃなくて、〝お喜びさま〟だから！」といいながら、イラッともせずにニコニコな笑顔で出迎えてくださったドクタードルフィンとホエール光一さんに、そして何より本書を最後まで読んでくださった新・地球人の読者の皆さまに心よりの感謝の気持ちをお伝えして、結びの言葉とさせていただきます。

ありがとう、お喜びさまです、うれしいです！

編集担当N

松久 正 (Tadashi Matsuhisa)

∞ishi ドクタードルフィン

鎌倉ドクタードルフィン診療所院長。日本整形外科学会認定整形外科専門医。日本医師会認定健康スポーツ医。米国公認ドクター オブ カイロプラクティック。慶應義塾大学医学部卒業、米国パーマーカイロプラクティック大学卒業。地球社会と地球人類の封印を解き覚醒させる使命を持つ。人生と身体のシナリオを修正・書き換え、もがかずに楽で愉しい「お喜びさま」「ぷあぷあ」地球人を創造する。高次元シリウスのサポートで完成された超次元・超時空間松果体覚醒医学 ∞IGAKU の診療には、全国各地・海外からの新規患者予約が数年待ち。超時空間遠隔医学を世に発信する。セミナー、ツアー、スクール(学園、塾)開催、ラジオ、ブログ、メルマガ、動画で活躍中。著書には、『からまった心と体のほどきかた 古い自分を解き放ち、ほんとうの自分を取りもどす』(PHP研究所)、『松果体革命』(ナチュラルスピリット)、『あなたの宇宙人バイブレーションが覚醒します! 』(徳間書店)、『ドクター・ドルフィンのシリウス超医学』(ヒカルランド)、『ワクワクからぷあぷあへ』(ライトワーカー)、『水晶(珪素)化する地球人の秘密』(ヒカルランド)、『Dr.ドルフィンの地球人革命』(ナチュラルスピリット)など多数。中でも『「首の後ろを押す」と病気が治る』は健康本ベストセラー、『「首の後ろを押す」と病気が勝手に治りだす』(ともにマキノ出版)はその最新版。本年度には、新たに、複数の新刊本出版予定で、世界で今もっとも時代の波に乗るドクターである。

ドクタードルフィン公式ホームページ

https://drdolphin.jp/

光一　(Kouichi)

これまでに数多くのスピリチュアルワークを習得。その集大成として独自のエネルギーメソッド「なほひふり(ディヴァインコード・アクティベーション)」を編み出す。サラリーマンとして働く傍ら、趣味で行ってきた「ビューティーセッション」が口コミで広がり、全国各地から問合せが殺到。このセッションは、現在も続いている。ビジネスの世界においては、20 代の頃からトップセールスマンとして活躍。リストラ、転職を繰り返して同業界の大手5 社を渡り歩く。入社後まもなく最年少役員に抜擢され、フリーランスの経営コンサルタントとしても 実績を上げるなど、社会人としても影響力のある地位を築いた。人生のモットーは、「いつでも笑いながら、明るく楽しく」。現実世界に活かせないスピリチュアルの教えは意味がないとして、両者を上手く融合しながら、幸せで豊かに生きる方法を提案している。著書に、『ディヴァインコード・アクティベーション』、『きめればすべてうまくいく ― あなたにもできる神性エネルギー活用法』(ともにナチュラルスピリット)。2017年東久邇宮文化褒賞受賞、2018年東久邇宮記念賞受賞、東久邇宮平和賞受賞。

http://nahohi.info/

覚醒する新地球人の合言葉
これでいいのだ！　ヘンタイでいいのだ！
松果体とハートを活性化！　シリウスパワーで意識を変える

2018年 10月 5日　第1版第1刷発行

著　者　松久正（∞ishi ドクタードルフィン）× 光一
編　集　西元啓子
校　閲　野崎清春
カバーイラスト　にしもとのりあき
装幀・イラスト　藤井由美子
題　字　平井浩二（日本己書道場統括師範）
発行者　大森 浩司
発行所　株式会社　ヴォイス　出版事業部
〒106-0031
東京都港区西麻布3-24-17 広瀬ビル
☎ 03-5474-5777（代表）
☎ 03-3408-7473（編集）
📠 03-5411-1939
www.voice-inc.co.jp

印刷・製本　株式会社光邦

ISBN978-4-89976-482-3